U0863236

历史的智慧

国家人文历史
NATIONAL HUMANITY HISTORY

王朝崩塌

动摇大清的农民起义

《国家人文历史》编著

中央党校出版集团 大有书局

目录

001 太平天国

079 义和团

太平天国

洪秀全和他的创业团队

从在紫荆山区的山野村夫中传播“拜上帝会”，到席卷大江南北的太平天国，洪秀全和他的草根创业团队只用了三四年的时间，就创造出了一个“人间天国”，完成了从紫荆山区、永安县城到席卷江南，再到定都南京的跨越式发展。但是，这个落第秀才和边远山区赤贫户们组成的草根团队，很快就遭遇了由他们出身所决定的“创业天花板”。“小天堂”刚刚建立起来，团队骨干与生俱来的农民意识和创业初期就形成的山头利益，很快引爆了太平天国内部一轮惨烈的自相残杀。内讧使团队骨干以及大批核心员工死的死、逃的逃，“天国”大业急转直下。

1857年，“首义六王”中，还在天京者只剩“天王”一人。1861年2月，洪秀全自说自话地宣布把“太平天国”的国号改为“天父天兄天王太平天国”，把一家“股份制”的合伙公司彻底变成了洪秀全独资的“家族企业”。此举遭到了主要将领，尤其是李秀成、李世贤的联合抵制。至此，洪秀全和他的天国理想彻底失去了前途。此后，长毛军（指太平军）只好为活着而战，他们互不相援、各自为政，又苟延残喘了三年多，最终在1864年被彻底荡平。

其兴也勃焉，其亡也忽焉。一人、一家、一团体、一地方，乃至一国家，想要跳出兴亡周期率，很难。但是，像太平天国这样开国不久就急速腐败、迅速内讧，十年光景就“造光”了所有政治资源的，实属罕见。究其原因，的确值得好好研究一番。

上帝次子洪秀全

洪秀全生于1814年，原名叫洪仁坤，小名火秀，是广东花县一个不起眼的落第书生。父亲洪镜扬是附近几个村的保正，家里还算宽裕。洪仁坤有两个哥哥：洪仁发、洪仁达，这两位就是日后在太平天国朝廷里作威作福、气走石达开的安王和福王。或许是这两位哥哥确实不大机灵，因此家里选择让洪仁坤入塾读书，肩负起考取功名、光宗耀祖的重任。正因如此，洪仁坤从小就受到家人的宠爱，地位很特殊。只可惜洪仁坤的资质虽比他那两个哥哥略高，但尚不能达到考取功名的水平。从天王那些如“龙袍角带在天朝”之类的诗文来看，大清朝的考官们并非尸位素餐。

从14岁那年起，洪仁坤先后四次（1828年、1836年、1837年、1843年）赴花县、广州应试，均是名落孙山，正如鲁镇上的“短衣帮”嘲笑孔乙己“怎么连半个秀才都没捞到”，家里、村里对他的看法，也从期望变为失望，甚至嘲笑。这位熟诵“四书”“五经”的书生发誓“不考清朝试，不穿清朝服”，还要“自己来开科取士”。

洪仁坤第三次落榜后，精神遭到很大打击，回家就大病一场，据说是“死去七日”，还魂后“俱讲天话”。对这次生病，尤其是“魂游高天”，以现代心理学的眼光，大约有三种解释：一是“作秀遮羞”，一个被寄予厚望的学子，竟然一连三次考不中，真是丢人，如果生病了，家人、朋友就不好再嘲笑，而是说些劝慰的话；二是“内心挣扎”，此时的洪仁坤已经24岁，在当时属于“大龄青年”，继续参加科举如同赌博，再考不上怎么办？如果放弃科举，放下身段种地，又心有不甘；三是“轻度精神病变”，在不知心理医生为何物的年代，洪仁坤屡受打击，患上心理疾病是有可能的。1860年10月，那位名叫容闳的中国第一位留美生就曾拜访天王，后来他投靠了李鸿章，并称“洪秀全于应试落第后，得失心盛，殆成一种神经病”。

大病初愈的洪仁坤改名“洪秀全”，这个名字在其创立“拜上帝教”时，既是一个联络暗语，又是一个政治谶语。其姓“洪”由“三八二十一”组成，这个“三八二十一”就是“拜上帝教”的联络暗语。其名“秀全”两字是由“禾”“乃”“人”“王”组成，“禾”字与“我”字读音相近，四字组合起来则是“我乃人王”，也就是说，洪秀全是上帝派来的“领袖”。

洪秀全并不是一个决绝的人物，梦醒时分的他尚未决定改变自己的人生道路，而是静静等待，继续参加科举考试。就在他安心读书的时候，广州来了一位大人物——林则徐，随后激起了大清国与大英帝国之间，围绕着鸦片贸易问题展开的战争。这场战争前后持续了三四年，直到1843年才最后了断。这年春天，洪秀全最后一次参加了科举考试。自然，他又失败了。这时，他想起了七年前在广州读到的一本奇书——《劝世良言》，把书中内容与自己以前大病时的幻觉对比，自认为是上帝的次子、耶稣的弟弟，受上帝之命下凡诛妖，并称上帝耶和华为“天父”，称耶稣为“天兄”。从此，未曾读过《圣经》的洪秀全逢人便宣传他所理解的基督教教义，称之为“拜上帝教”。或许是听说信上帝的英夷打败了大清国，洪秀全越发觉得当一名传教士比当秀才更有前途，这一选择使之既能够不在无望的科举之路上继续挣扎，又能摆脱回家种地的噩梦。

最初，洪秀全在广州附近传教，效果不佳。就连推荐他看《劝世良言》的表兄李敬芳和最后官拜干王的族弟洪仁玕都不跟他走。1844年，洪秀全和他最早期的信徒冯云山深入广西传教。或许洪秀全的确缺乏领袖魅力，他费了好大力气，只发展了几个信徒。于是，他放弃了，回到花县老家。但是，冯云山坚持了下来。据李秀成在《李秀成自述》中所言：“谋立创国者出南王之谋，前做事者皆南王也。”

联合创始人冯云山

冯云山是太平天国最早的推动者，在最初传教的岁月里，他才是真正的领袖。冯云山与洪秀全同岁，并同为广东花县人。冯家与洪家相距约三里，家境与洪秀全相比，更为富裕。据说冯家“有九厅十八井的房子，有田产二百亩左右，还有山林三百亩和瓦窑一间”，在当地属于富裕户。

在广西传教没有打开局面，洪秀全放弃了，冯云山却没有，他跑进蛮荒的紫荆山，靠拾粪、打短工度日，并因不经意间流露出的才华，得到读书富户曾槐生的赏识，当上了私塾先生。冯云山利用当地“三不管”的有利条件，开始传播洪秀全的“拜上帝教”。

在紫荆山区里面，有一座山叫作平在山，是当地居民散居的地方，他们以烧炭为业。他们食不充饥、衣不蔽体，是彻彻底底的无产阶级。冯云山以曾家塾师的身份，经常与这些烧炭工人聊天，对他们嘘寒问暖。同时，向他们宣传“阎罗、菩萨都是妖精，唯有上帝爱护穷人”，告诉他们“大家都是兄弟姐妹，应该同拜上帝。拜了上帝，人人有衣有食，无灾无难”。后来，平在山上这群烧炭工人成为太平天国的中坚力量，在太平天国系统里被称为“平在山勋旧”，杨秀清就是其中之一。

冯云山还大力宣传洪秀全“奉天诛妖”的伟大使命，把自己打扮成“被洪秀全派到紫荆山的干部”，树立起洪秀全“救世主”的形象。冯云山把根本没在身边的洪秀全树为“一把手”，自己甘当“二把手”也是煞费苦心的。树一个远在天边的偶像，让人产生“冯云山这么厉害还得服洪先生，那洪先生自然更厉害”的心理，就更容易聚集人马，也容易形成神话。

在此期间，这位被冯云山说成“神通广大”的洪秀全，在家乡写下《原道醒世训》《原道觉世训》《百正歌》等著作。1847年初，他又跑到传教士罗孝全在广州的礼拜堂学习了几个月。8月，洪秀全再次回到广西，并在紫荆山见到冯云山。在与冯云山重逢之前，洪秀全的梦想或许就是当一个传教士。可这几年冯云山在广西紫荆山已经开始物色险要，结识英雄好汉，到处打砸神庙、佛像。即便洪秀全不去紫荆山或者死了，估计冯云山也会按部就班地起兵造反，并把“洪先生”像陈胜、吴广起义时号称的扶苏、项燕一样，尊为偶像。

洪秀全来到紫荆山后，看到冯云山的巨大成就和自己在这里的崇高地位，便放弃了当个传教士的想法而与冯云山一起干。此后，拜上帝会的势力更加发展壮大，这就不可避免地与当地土著产生矛盾。冯云山吃了官司，好在当地官员害怕洋鬼子，他便利用这一点，援引两广总督“传教合法化”的饬令，又搬出《圣经》与其对质，最终被判无罪，以“无业游荡，遣返原籍”结案。这时，冯云山再次展现出非凡才能，以三寸不烂之舌，竟说服两个解差皈依了拜上帝教。三人一同返回紫荆山参加“革命”。

但冯云山回到紫荆山后，发现自己已经被架空，毕竟他是一个外乡人，在紫荆山无依无靠。而当地烧炭工人中的领袖人物杨秀清却假借“神灵附体”夺得了大权。

“天父下凡”杨秀清

冯云山被捕入狱，正在贵县的洪秀全闻讯后，急往广州筹策营救。身处紫荆山区的拜上帝会顿时陷入群龙无首之困境。此时，有一个人脱颖而出，他就是杨秀清。

杨秀清比洪秀全小约十岁，是紫荆山当地的客家人。他“五岁失母，九岁丧父”，家庭十分困苦，从小就当烧炭工，每天在深山里取柴烧炭，再出山贩卖，周而复始，也不过是混个温饱。

由此可知，杨秀清应是目不识丁，且孤陋寡闻的，但此人性格机警，在山民中颇有威望。

杨秀清可谓“冯先生”最早的信徒。在“冯先生”被捕，“洪先生”不知所终，加之“内有疫病流行，外有团练压迫”的情况下，拜上帝会内人心惶惶，大有顷刻瓦解之势。危急时刻，身为普通信徒的杨秀清开始了一场大胆的表演，他利用浔州一带流行的“降童”巫术，假托“天父下凡附体”，以安众心，并借以显示自己的权威。

杨秀清第一次代天父传言的动机完全是出于对拜上帝会事业的热心和诚恳，这次代天父传言确实起了扭转危局的作用，是杨秀清对天国大业的重要贡献。从此，杨秀清进入拜上帝会的核心层，他的军事才能也开始显露出来：他“筹备行政组织，颁布行政法度，组建严格的军队，创造军事规章，整然有序”。直到太平天国后期，天国的将士们还在慨叹大字不识的杨秀清居然能治国建军，席卷天下。

与冯云山和洪秀全不同，杨秀清是本地人，他生长在紫荆山区，又是在烧炭工人中自然形成的小首领，加上代天父传言的神力，很快就培植起自己的势力，并且有意识地打压其他人，尤其是冯云山。当年，冯云山孤身一人来到紫荆山，最初依赖的是曾家、卢家、王家（洪秀全表哥），其中曾家被排挤，渐渐淡出拜上帝会，只有个别家人参加了太平天国；卢家据说只有卢六一人，还不幸死在狱中；王家则被杨秀清百般打压，就连官做得最大的王维正（当时已改姓黄，洪秀全表侄），也不过是殿前丞相、副理机匠。“殿前丞相”听着不错，其实是虚衔，据说太平军中当时有这头衔的不下数千人；“副理机匠”就是管理织布工人的“二把手”，可王维正加入拜上帝教比杨秀清、萧朝贵早得多，洪秀全第二次入广西，砸第一座神庙时，曾在墙上题诗一首，而给他捧砚台的就是王维正。

此时，拜上帝会已初具规模，紫荆山本地人便跃跃欲试起来，他们认为洪秀全这个天边的神人其实没多大本事，全靠冯云山组织队伍。如此这般自己岂不是要替他人做嫁衣？对这些，洪秀全一定很清楚。他知道，仅仅依靠冯云山一个人肯定不成。如果不能得到本地实力派的支持，自己的地位很快就会不保。

这时，“天兄”下凡了！

“耶稣基督”萧朝贵

萧朝贵第一次亮相是在1848年9月9日，他声称自己是“天兄耶稣基督”，演了一出活灵活现的“行为艺术”。传教之初，洪秀全和冯云山把中国传教士梁发编写的《劝世良言》当成“圣经”，可惜这本书里压根就没有耶稣这个人，所以冯云山创造拜上帝会时只说上帝，不说耶稣。1847年洪秀全赴广州学习，才第一次知道耶稣。等他回到广西，拜上帝会的人才知道了耶稣。因此“天兄”迫不得已，只得屈尊来了个自我介绍，《天兄圣旨》里他有一句话就是“朕乃耶稣”。

萧朝贵比杨秀清大两三岁，也是紫荆山本地人。与杨秀清不同，他家有兄弟四人，萧朝贵排行老三，随父母到桂平以开荒烧炭为生。关于他的记载并不多，《李秀成自述》七万多字，提到萧朝贵只有寥寥两句，一句是“天王妹子嫁其为妻”，另一句是“勇敢刚强，冲锋第一”。因为萧朝贵在起义之初为前军主将，以至于后人把他想象成一个单纯的勇将。实际上，萧朝贵绝不仅仅是一个像张飞、李逵那样头脑简单的人，他能在太平天国早期坐上第三把交椅，完全是靠自己的政治手腕算计得来的。

以往的研究者多以为，萧朝贵和杨秀清代天父、天兄传言，搞下凡的一套，是因为冯云山吃了官司，洪秀全跑去广州、香港，广西拜上帝会此时已群龙无首。现有史料则证明，萧朝贵“下凡”时，冯云山已经出狱。目前保存的第一道《天兄圣旨》里，“天兄”劈头就问天王洪秀全：“洪秀全胞弟，尔认得朕吗？”就是明例。

这时洪、冯等“老领导”已经复位，杨秀清这个“新权威”已经开始扩张势力，萧朝贵“下凡”的主要目的就是抢夺政治资源，占据高位。作为拜上帝会的后起之秀，他必须用这样的非常手段，才能后来者居上。他的做法很简单：一是逼洪秀全认账；二是和杨秀清结盟。

逼洪秀全认账其实很简单，以教主自居的洪秀全在广西并无嫡系部众，依靠的正是“神力”，只要“天兄”肯认他是“天弟”，是天王，对他只有好处，没有坏处。因此当“天兄”质问“尔认得朕吗”之际，洪秀全连眼皮都不眨一下，就大声回答“认得”，以后还多次积极配合，和“天兄”互相认证。

杨秀清精明强干，能力远超过萧朝贵甚至洪秀全，但他是个孤儿，既无兄弟，也无亲族，以至于起兵后为扶植嫡系势力，把军中许多有才干的杨姓人物都认作本家。如辅王杨辅清，本名杨金生，和他只是桂平同乡；被称作“老国宗”的杨宜清是广东天地会成员；杨秀清死后以“国宗提掌军务”的杨在田则是湖北人。与杨秀清相比，萧朝贵家族繁盛，且和杨一样都是目不识丁的“烧炭佬”，两人结盟也是顺理成章的，更何况，“天兄”比“天父”终究矮了一辈，对杨秀清而言还说得过去。

萧朝贵的目标是取代冯云山。“天兄下凡”时只要说和冯交好的曾氏、王氏，以及其他早期拜上帝会骨干是“帮妖”或“有异心”，这些人自然就立刻完蛋。在杨秀清和萧朝贵的联合打压下，冯云山的地位逐渐下降，洪秀全则因为与“天父”和“天兄”认亲，地位愈发稳固。最初，他们还顾忌“冯先生”的面子，把冯放在杨、萧前面，说“冯云山、杨秀清、萧朝贵都是军师”，但等完成权力结构更迭后，就毫不客气地通过“天话”，把杨、萧提拔到冯云山前面。

“风险投资”韦昌辉

度过了冯云山被捕这个大危机，又经过了领导班子本土化的大调整，1848年，拜上帝会蓬勃发展起来，成了远近闻名的大势力。不仅贫苦人愿意信奉，就连“地主富农”也愿意靠过来。韦昌辉一家就想借拜上帝会的势力给自家报仇，从而举家投奔。

韦昌辉，谱名志正，通称“韦正”，昌辉是起事时改的名字。此人与杨秀清年龄相仿，是广西桂平金田村人。《李秀成自述》中说他“监生出身，出入衙门，包揽词讼”，俨然一个民间律师。其父韦元玠是当地地主。据清史料说“家资累万”。实际上，韦家每年“收租谷二百余石”，属于小地主，且政治地位不高。

当时，韦姓在金田村人少，而且是外来户，又不是书香门第、官宦人家，所以，一再遭到大姓欺压。韦元玠一心想让韦昌辉读书考功名。与洪秀全一样，韦昌辉两次参加县试均未考取。不得已，家里“入粟捐监”，反倒招来了更大的羞辱。

对此，曾有两个说法。其一，韦家捐得监生后，挂出“登仕郎”匾额，有个叫梁嘉的生员，指责韦昌辉私称“登仕郎”为僭妄，唆使大湟江巡检王基到韦家抓人勒赎，缴纳了几百两银子才算了结。其二，韦家捐得监生后，挂出“成均进士”匾额，当地豪绅勾结县里差役，乘黑夜把“成均”两字铲去，只留“进士”二字。第二天，申斥韦元玠父子冒充进士，大逆不道，还把韦元玠捉去论罪。韦家几经求情，花了300两银子才脱身。这件事把韦元玠气得痛不欲生，他告诫韦昌辉定要报仇。

正当韦昌辉一家“日悻悻欲寻仇”时，拜上帝会向他们伸出了援手。当时动辄扮耶稣下凡的萧朝贵，特意以耶稣的名义赠诗一首：“年宵花景挂满堂，玠人此钱自由当。为子监生读书郎，正人子前二萧凉。”说老实话，这“耶稣”的诗除了合辙几乎完全不像一首诗，但在愤愤不平的韦家看来，这就是雪中送炭的义气，更是可以倚靠的一棵大树。

1849年9月，萧朝贵以“天兄下凡”名义，代天兄传言。这次天兄下凡，还宣布了韦昌辉在天上与他们是同胞，具体位次为：耶稣为上帝长子，洪秀全为上帝次子，冯云山为第三子，杨秀清为第四子，韦昌辉为第五子，萧朝贵妻杨云娇（即洪宣娇）为第六女，萧朝贵为帝婿，石达开为第七子。这样，韦昌辉进入了拜上帝会的权力核心。

洪秀全和冯云山是联合创始人，杨秀清和萧朝贵的地位是“天父、天兄”赋予的。韦昌辉何德何能，一上来就成了“上帝”的五儿子？

第一是韦昌辉家有钱，他“献银数万入伙”，为拜上帝会注入了资金。此后，拜上帝会利用韦家的银子加紧组织力量，暗中打制刀枪。韦昌辉还在家开了12座铁炉，表面上是打造农具，暗中却打制刀枪。为了避免走漏消息，韦家特意养了一群大鹅，用鹅群叫声掩盖打铁的响声。打好的武器全部秘密丢入村西头的犀牛潭中，等用时再捞起来，说是上帝赐给的。第二是他们家人多。金田起事时，韦家举族从征，参加者号称有“千余”。事实上韦氏在金田不过百人，加上附近的族人只有数百人，但总比孤儿杨秀清和贫户萧朝贵家人多。

后来韦昌辉被洪秀全杀死，终太平天国一世未能平反。韦元玠老爷子却在1860年被洪秀全追封为“开朝王伯、爵同南”（冯云山），可见其早期对拜上帝会的贡献，实在大到让洪秀全难以抹杀和忘怀的地步。

人多势众的石达开

石达开是首义六王中最年轻的一位，比洪秀全小整整17岁。如果说韦昌辉的地位是银子堆出来的，那么石达开这个上帝第七子的位置，则是硬碰硬的实力。石家祖上原居广东省和平县，属客家人。其高曾祖辈已落籍广西桂平县白沙乡间，后又迁居贵县北山里那良村。石姓族人六七十家，聚族而居，石达开堂房兄弟有16人。

石达开家境富裕，为人豪爽，喜结交江湖游侠，在当地有一定的号召力，在拜上帝会准备大干一场时，石达开家已经与六屈村周凤鸣发生械斗，萧朝贵、韦昌辉带兵支援，一举攻下六屈村。正是因为石家最早开始参与“来土之争”（客家人与本地人的争斗）建立了家族武装，石达开才有了进入太平天国权力核心的机会。

随着石达开的加入，拜上帝会无可避免地卷入了愈演愈烈的“来土之争”。1850年7月，石达开召集会众千余人至桂平白沙圩，开炉铸炮。后来大名鼎鼎的秦日纲、林凤祥均为白沙圩人，他们也在石达开的这支队伍中。拜上帝会会众在金田村起义时，石达开所率部有4000余人，为最大一股力量。正因为如此，19岁的石达开自金田起事就和萧朝贵一起当先锋。萧朝贵战死后，石达开更是完全担负起了先锋的重担。

至此，洪秀全的创业团队终于组成。在这个6人“董事会”里，洪秀全是创始人、董事长，坐头把交椅；杨秀清有“代天父传言”的神权，又颇有管理能力，自然是副董事长兼首席执行官，坐第二把交椅；萧朝贵“代天兄传言”，是常务董事；原本的联合创始人冯云山，被排挤到位居第四把交椅；本地财主韦昌辉像个“风投”，注入资金，打造兵器，又举家追随，居第五把交椅；本地大族石达开，带“团队”入股，坐第六把交椅。

洪秀全以下，杨、萧、冯、韦、石都有自己一份实力。但是，这个因人设事的政治结构有着极大的局限性：缺少知识精英又过于本地化。随着杀出紫荆山区，这个脆弱的平衡随时可能被打破。更糟糕的是，他们都号称上帝之子，这就意味着很难再吸收新的人才加入核心团队，除非重新来一次伤筋动骨的大洗牌。

（文 / 纪彭）

主将共治走向东王独裁：通往“小天堂”的征途

洪秀全、冯云山在广西紫荆山区传播拜上帝教，拉拢了烧炭工人头目杨秀清、萧朝贵，而后地主韦昌辉、豪杰石达开相继入伙，这首义六王自称“上帝之子”，代天除妖。

奇怪的是，“上帝”在中国的这几个孩子，无论贫穷还是富有，有才还是废柴，广东人还是广西人，都有一个共同的特点——他们都是客家人。他们聚集起来，拿起武器，最初的目标是模糊的。他们盘踞紫荆山，不过是想保护自己的利益，甚至仅仅是在越来越激烈的“来土之争”中保住性命。随着形势的发展，他们与清兵交手，屡战屡胜，打下一座又一座大城市，竟然一路打到了一片梦中的“应许之地”——南京城，在这里真正建立起了自己的小天堂。

在通往小天堂的征途中，上帝的三儿子——南王冯云山、上帝的女婿——“代天兄耶稣基督下凡”的西王萧朝贵相继“升天”，太平天国脆弱的政治平衡就此被打破，权力架构过于粗浅的问题暴露无遗。

从“来土之争”到武装移民

金田起义肯定不是发生在某一天，而是指各地拜上帝会信徒一路打杀到金田聚集的过程，这个过程前后长达几个月。导致这一行动的直接导火索就是“来土之争”。

何谓“来土之争”呢？金田起义前，在广西桂平、贵县、武宣、平南等地，一直存在大规模的武装械斗。所谓“来人”，主要是指从广东迁入广西的讲客家话和广府话的人，所谓“土人”，主要是指久居广西当地的土著居民。广西境内，尤其是紫荆山区，民间械斗非常普遍。道光末年土地兼并剧烈，大批广东、福建、湖南游民进入广西，造成了地少人多的局面，官府有时又暗中怂恿当地土著与游民争田，故而梁子越结越深。为争一口井、一块田、一个媳妇，整村的人互相持械仇杀，长年累月地打，你来我往，成千上万的人死于这种大规模仇杀。

拜上帝会的信徒多是客家人，也就是“来人”。起事之初，拜上帝会主要是应大部分落难的、无家可归的客家人之请，准备武装迁徙。1850年，各地的拜上帝会信徒，特别是那些在“来土之争”中失利的客家人携家而来，奔向金田村。清朝的地方政府对这些流民并不以为意，没有想到这些人要造反，以为他们是逃难来的。《李秀成自述》中说得清楚，拜上帝人与拜上帝人一伙，团练与团练一伙，各争自气，各逞自强，因而逼起。

冲突不断升级，尤其是广西平南县的拜上帝会信徒在向金田村进发的途中，与清政府地方武装发生了激烈冲突，双方死人不少。在花洲和思旺的战斗中，仅团练和瑶兵就被杀50多人。尽管官军有多人被杀，但清政府一直以为是广西的“天地会”（三合会）所为，不知道有新组织“拜上帝会”的存在，更不知有洪秀全这个人。

太平天国这边已经无法停住脚步。由于准备武装斗争，重视军事首领，冯云山的地位不断下降。筹备起事时，由于杨秀清得了重病，“又聋又哑，眼睛流脓”，萧朝贵则成了金田起义实际上的头号组织者。他十分忙碌，频繁召见各路首领，安排人事、军务，甚至连只带500人的“先锋长”都要由他来任命。

另外，韦昌辉家成了团营的指挥部，洪秀全、杨秀清、冯云山等，都先后住在韦家指挥。这个临时指挥所虽然简陋，却正在改变着中国的历史。

永安封王：从山区走向城市

清军开始向紫荆山进攻，要将他们眼中的这些“天地会”反贼和无知山民一鼓荡平。这真是一场不知道谁和谁在打仗的乱战。在正规军面前，一般的匪徒都是不堪一击的，而信了上帝的太平军则不同，未等清军攻进金田，会众们蜂拥而出，头领们个个披发持剑，口中念咒，狂舞红旗，奋死杀向清军。清军正规军很少见过这么不要命的“贼”，个个腿软，争相逃跑退却。清将伊克坦布提剑督阵，却被自己手下溃退的士兵撞倒，拜上帝会信徒冲上来，一刀就结果了他的性命。这次乱战，清军损失300多人，副将伊克坦布丧命。于是，形势越发不可收拾，清兵弄不清自己在和什么人打仗，而且每战必输，究其原因，主要是拜上帝会会众有信仰，他们变卖家产，银两均入“圣库”，个个都将生死置之度外。

金田村附近聚集了3万多拜上帝会信徒，粮食成为问题，太平天国建国的第三天，即1851年1月13日，会众们沿大湟江而上，直杀江口墟。此次行动并非多么有目的性，因为“大湟”二字的客家话和白话读音类同“大王”，“出大湟”意即“出大王”，如同“拜金田”等同“拜金殿”发声一样，这群人已经痴迷“拜上帝教”，拥“大王”浩浩荡荡而出。他们在山区转悠了几个月，于1851年9月25日攻克永安。这是太平军第一次占领“大城市”。此时的太平军已有近4万之众。

太平军盘踞永安城，清军各部不敢冒进，只能深壕高垒，在城外隔山结营，双方形成了数月的相持。12月17日，洪秀全酬功，下诏封五王：杨秀清为东王，萧朝贵为西王，冯云山为南王，韦昌辉为北王，石达开为翼王，四王“俱受东王节制”。众将士均加官晋级，上下欢心。刚打下一座边远地区的县城就大封王爵，与其说是对形势判断不足，还不如说是一场“疯狂派对”，这就是所谓“宗教的力量”。

太平军在永安一待就是大半年。由于清军围困，粮道被断，窝在永安只能坐以待毙。洪秀全与五王商议后于1852年4月5日，趁夜间大雨之际突围。从此之后，对清政府来讲，太平军从广西地方之乱变成了全国范围的大乱。

冯云山“上天汇报”

南王冯云山真是不走运，刚刚被封王半年，就丢了性命，成为太平天国首义六王中第一个“上天汇报”的“上帝之子”。但冯云山究竟是怎么死的，说法不一。有记载说，1852年5月，太平军围攻桂林不克，北上经全州，沿湘江行至湖南、广西交界处蓑衣渡时，冯云山被清朝楚勇统领江忠源阻击，中炮战死。由于这段记载是左宗棠写的，被清朝史书沿用，江忠源也因此名声大噪。

据简又文先生的访问，冯云山未必死于蓑衣渡。当地的口碑称，太平军本不打算攻打全州，准备绕城赶路，城上一名清朝低级军官一时冲动，对城下太平军一顶黄色轿子开了一炮，结果太平军一片哗然，不顾伤亡猛攻全州16天，终于攻破，因为轿子里坐的正是当时已被封为南王的冯云山。

冯云山中炮后是死于全州，还是裹伤继续北上，最终死于蓑衣渡，无从考证。很多人说，如果冯云山不死，太平天国或许能避免内讧的惨剧。

实际上，这只是一种善意的推想。杨秀清、萧朝贵借“代天父、天兄传话”早已夺取大权，扶植起自己的嫡系，将冯云山的势力排挤出去，到了金田起义前夕，冯云山不但在地位上是杨、萧的副手，实力更远不如杨、萧。有一次萧朝贵因为芝麻绿豆大的小事，要打一个叫谢享才的两千棍，冯云山看不过便去讲情，竟要跪在天兄附体的“六妹夫”萧朝贵脚前苦苦哀求，最后“天兄”才开金口：这次给你面子，下次再讲情，连你一块儿打——就这样的权威、这样的实力、这样的表现，冯云山就算到了天京，也只能像韦昌辉、石达开那样“在东王面前不敢多言”。冯云山死后，他的政治地位是崇高的，包括东王在内的太平军诸王都对这位开创拜上帝会的前辈“冯先生”尊敬有加，但是，冯云山毕竟是早早被边缘化的“老同志”，身后的礼遇只是一种补偿。

萧朝贵的消失与死亡

冯云山之后，第二个战死沙场的便是西王萧朝贵。与冯云山不同，萧朝贵不仅拥有“天兄下凡”的神力，还是拥有自己山头的本地人。筹划起兵时，由于杨秀清得了重病，萧朝贵一度是太平天国的实际首领。但是，金田起义爆发之际，杨秀清忽然痊愈，“耳聪目明”，指挥、决策井井有条，被此时连小兵还不是的李秀成赞叹为“天意不知如何化作此人”，而眼光、胸襟均等而下之的萧朝贵相形见绌，逐渐走下神坛，充当起先锋官。

萧朝贵的权势在战死之前就已从巅峰跌落。据《天兄圣旨》记载，萧朝贵代天兄传言多达120余次。但1851年10月水窦村之战后，萧朝贵负伤，“天兄”两次下凡安抚众人。此后，直到1852年3月，“天兄”为鼓励将士攻取桂林再次下凡，仅留下5个字便匆匆归天。在此之前长达5个月的时间里，“天兄”没有下凡，一向披坚执锐、“遇战当先”的西王也不见了踪影。之后直到萧朝贵战死长沙，5个月的时间里，“天兄”继续保持缄默，萧朝贵也极少出场。

对水窦村战役后萧朝贵的踪迹和“天兄”的缄默，有人提出了所谓“政变”说，永安封王是太平天国体制的巨大变化，是一次重要的权力再分配。这样就能解释为什么太平军在永安长期停留。在永安，太平军可能召开了“扩大会议”，会议后，杨秀清获得了更多的政治资源，取得了“节制诸王”的权力。

永安封王使太平天国的政治权力格局发生重大变化。先前是天王与“五军主将”共治，杨、萧作为左右二军师，地位并无明显高下之分。永安封王后，所封各王俱受东王节制。正是由于“天兄”萧朝贵的重伤，东王一家独大，洪秀全和杨秀清达成了政治妥协，牺牲了不能自理的西王和已经出局的南王。等到“天兄”萧朝贵病愈归队时，也只能接受东王独裁的局面。

1852年9月，萧朝贵得到情报，长沙外城尚未完工，守军只有不到两千人马，他带领一千多精锐奔袭长沙。不料清军援军恰好到达，城中团练也刚刚成军，总兵力五六千人，萧朝贵兵力不足，只能聚在城南攻打。由于不熟悉地形，又误把高耸的天心阁当作城门，走了一段冤枉路。战斗中，萧朝贵中炮阵亡。

随着南王冯云山和西王萧朝贵的相继“升天”，首义六王已经减员1/3，起兵之初的政治平衡随之瓦解。不论在永安城里发生了什么，封王实际是一次政治权力“大洗牌”，天王和五军主将共治的政治格局，悄然变成了东王“节制诸王”、与天王共治的新形式。此后，太平军在杨秀清的带领下一路打进南京城，并改南京为“天京”，建立起了“小天堂”。岂知这四位草根王爷来到的这片“应许之地”建立的却不是一个“人间天国”。

（文/纪彭）

天京事变的体制基因

在英国国家图书馆中，保存着一本太平天国癸好三年（1853年）修订版的《太平礼制》，从图书馆方面所做的标签看，当是1854年2月，英国特使小包令（洛文·包令）和麦华陀乘军舰访问太平天国天京时所获赠书，再由小包令（或其父亲老包令即约翰·包令，香港总督兼驻华公使）捐赠给图书馆的。

有位通晓汉语的不知名读者，在1856年天京事变发生前夕，仔细阅读了这本书，并留下前后十五条、多达数百字的眉批，其中一条眉批从“东王显与太平（指天王）敌体”的现象中，得出“古时大都耦国犹能为乱，况大事未集之时乎？决然不能成事”的结论。这一海外旁观者的预言，不久后就为发生于1856年9月2日的天京事变所证实。一百多年后到访图书馆的史学家王庆成先生读到这里，不由惊叹“这位读者得出这一印象是神奇的”。

神奇并非偶然

其实在当时，作出这种神奇而准确预言的，绝非这位伦敦无名氏一人。本身仅是“六品衔湖北即补府经历县丞”芝麻小官的张德坚，因在艰难纷繁、漫无头绪的环境里，梳理出一本翔实客观、堪称前期太平天国制度、人物、事迹最完整并准确记录的情报集《贼情汇纂》而名垂史册。在这部现编现用、供湘军作“敌情汇总”使用的工具书中，提前一年多预言“似不久有并吞之势”，并准确推测出矛盾将发生在杨秀清和韦昌辉之间。

这并非偶然。两位预言家互不相识、从未谋面，却不约而同从同一个细节切入，得出了相似的结论——体制。天京事变前的太平天国体制，是颇为奇特的。从表面上看，这个体制似乎颇为经典，甚至复古。

这个国家有君：天王洪秀全一人独尊，继承人则是他的长子、幼主洪天贵福；洪秀全以“上帝次子、耶稣胞弟”自居，声称受“天父上主皇上帝”委派“下凡诛妖”，为“天下万国之主”“太平天王大道君王全”，他和“代代幼主”对君权的垄断是纯粹的、绝对的，不容任何异姓染指。

这个国家有从中央到地方完整的行政建制架构。在中央，四军师、五主将（因萧朝贵、冯云山早死，此时实际只剩二军师、三主将，即左辅正军师中军主将东王杨秀清、后护又副军师右军主将北王韦昌辉、左军主将翼王石达开）总揽军政大权，并总成于杨秀清，天、地、春、夏、秋、冬六官二十四名丞相分任吏、户、礼、兵、刑、工六部，各司其职，检点、指挥、将军等各级职官或留京或外派，担负军政方面之任，侍卫、左右史、学士等构成天王宫廷服务的机构，无所不包的“诸匠营、百工衙”和各种“典官”，则担负起各行各业的管理工作；在地方，建立了郡、县两级行政机构，郡总制—县监军构成地方主官层级，军帅—师帅—旅帅—卒长—两司马和伍长则构成城乡基层管理体系；在军中，全军编成106个军，并由总制—监军—军帅—师帅—旅帅—卒长—两司马等各级“军中官”层层统帅。不论地方、军中，在地方官、军中官之上，都有被称为“佐将”或“钦差大臣”的高级官员负总责。

这个体系对于帝王时代的中国人而言，可谓再传统不过，“六官”和军帅以下军中官、乡官的编制、名称，都照搬《周礼》，军师以下各级职官，大多古已有之。一些看似变通之处，也并非无稽可查，比如“天王”，是夏、商、周三代和前秦、北周等所使用，且理由和洪秀全如出一辙（只有上帝才能称帝），以主将这种军衔秉政，春秋时的晋国（中军元帅、上下军主将和三军佐）和两汉（大将军）都采用过。即便洪秀全的自我神化，严格说也并未摆脱“天子”“君权神授”的窠臼。

实际情况却和纸面制度大相径庭。首先，军师、主将的地位并不平等，并非共同对天王负责，而是天王垂拱而治，副军师以下都对杨秀清一人负责。

其次，表面上看起来井井有条的六官、百僚分工，实际上全然被打乱，真正执掌六部职事的，是东王府属官——东殿六部，六官丞相成为标志干部级别的虚衔，具体工作要听从杨秀清安排；本应听命于天王的各军，也要“听东王将令”，没有杨秀清领衔颁发的将凭、官执照，各路“佐将”和各军主官连“专杀”的权力都没有。

还有一些制度，表面上遵循了常规程序，但实际上却并非如此。如法规、制度、礼仪、冠服、历法，表面上是由杨秀清领衔制定，上呈洪秀全“旨准”，最终决断权在洪秀全手里；再如处决重要人犯、任免高级官员，同样要走“旨准”的手续，但实际上据各方记载，洪秀全对杨秀清的上奏一概“旨准”，且除杨秀清、韦昌辉、石达开三人外，其他官员“概不准奏事”，也就是说，真正管事的不是洪秀全，而是杨秀清。

这种奇怪权力结构所造成的直接后果，是洪秀全的“消失”：大本营就在南京城外孝陵卫、从广西一路追赶太平军到江南的清钦差大臣向荣，竟很长一段时间弄不清洪秀全究竟死了没有。

洪秀全从没想过做“虚君”

太平天国史学研究前辈罗尔纲先生对于太平天国政体有个著名的论断，认为洪秀全实行的是“虚君”、是“军师负责制”，并认为这种“虚君”和“军师负责制”是“农民民主传统”的集大成者，而后期洪秀全“破坏军师负责制”则是犯了“封建化错误”。简单地说，就是罗先生认为，洪秀全这个天王本来就该是“虚”的，啥事都不负责是他的本分，后期开始管事、揽权，则是坏了国家规矩的“违章”行为。

照这一逻辑，1853年太平天国定都天京之初，洪秀全垂拱而治、杨秀清独揽大权是合理合法的，因为前者就应该是“虚君”，而后者这个军师本来就该“负责”。1856年天京事变爆发的根本原因，则是“负责”的杨秀清不满足于仅仅负责而不是“君”，要连洪秀全的“虚君”名号也一并剥夺。

事实是否真的如此？记述洪秀全早期事迹的太平天国官书《太平天日》说，1837年洪秀全做了那个著名的“丁酉异梦”后，对姐姐洪辛英说的第一句话就是“朕乃太平天子”。早在洪秀全传教之初，对“君不君、臣不臣、父不父、子不子、夫不夫、妇不妇”的憎恶，和“总要君君臣臣父父子子夫夫妇妇”的愿景就挂在嘴边。尽管仅从这两句话中，甚至都嗅不到多少“造反意识”（在当时读书人说这些“纲常”套话司空见惯，又有几个人听到这段并不新鲜的话时，会想到“君君臣臣”的君，有朝一日会是说话者本人），但洪秀全心目中理想的“君”，显然绝不是什么“虚”的。

等到真的开始“谋国”“打江山”，洪秀全想做的，也绝非什么只有虚名、没有实权的“虚君”，他极力渲染并在添油加醋的“上天诛妖”事迹中，诉说天父赐给他的两件宝物，是一枚金玺和一把“云中雪”（战刀），前者表示授予权力，承认他是“天下万郭真命真圣主”，是尘世间至高无上的王，后者表示授予“斩邪留正”、生杀予夺的大权，也就是说，他这个“太平天王大道君王全”既有权总揽国务，又有权决断杀伐，且这两项最“实”不过的君主权力，是“天父上主皇上帝”亲自赋予的。

太平天国建国后直至1856年天京事变，大权虽一直掌握在杨秀清（最早期还有萧朝贵）手里，但杨、萧都是文盲、半文盲，虽然前者精明强干，后者狡黠多思，却无力构建一个像样的政府构架。这方面的工作，自然只能任由洪秀全本人，和冯云山、卢贤拔等围绕在洪秀全身边的“笔杆子”来设计，因此早期太平天国的官职体系，若仅从名目上看，反映的其实是洪秀全本人而非实际掌权的杨秀清之意志。因此，太平天国前期的官职体系，是一个再传统不过的君主集权体系。

这一时期太平天国自己的口径，也从来不说什么“虚君”。印刷数量巨大的儿童识字课本《幼学诗》写得明明白白：“天朝严肃地，咫尺凛天威；生杀由天子，诸官莫得违”“一人首出正，万国定咸宁；王独操权柄，谗邪遁九渊”，对洪秀全君权的描述，和明、清帝王并无多大分别。甚至由所谓“军事负责制”的“一把手”——杨秀清授意编写的《天情道理书》，上面也清清楚楚写着“王（天王）独操权柄”——洪秀全说了才算。

问题是，自1851年（甚至更早的金田团营时期）至1856年天京事变，洪秀全这个照纸面规定一点不“虚”的君，实际上也的确给人以“虚君”的感觉。

之所以如此，并非由洪秀全一手设计的太平天国官制，本着什么“农民民主思想传统”，设置了一个“虚君”和一群“负责的军师”，而是杨秀清、萧朝贵这两位既有一定头脑又有一定实力的拜上帝会后起之秀，抓住冯云山打官司的良好时机，用假托天父、天兄下凡的手段，以“洪秀全亲爸爸、亲哥哥”的名义，理直气壮地先把自己变成军师，再把军师变成“实际负责”。“生杀由天子”“王独操权柄”不假，但“天子”和“王”总得听天父、天兄的吧？“诸官”当然“不得违”，杨秀清、萧朝贵没有“真神附体”时，也的确以臣子、弟弟的面目出现，对洪秀全这位“二兄”“天子”恭恭敬敬，一旦洪秀全的发号施令让他们觉得不舒服、不满意，便随时可以祭起“传天父、天兄真神真圣旨”

的绝招，让“天子”的亲爹、亲哥来教训这位并不“虚”的君。

似是而非的“军师负责制”

洪秀全是否对这种大权旁落感到万分不自在？恐怕不见得。从其前后表现和性格特点看，处理烦琐的政务并非其兴趣和能力所在，他更喜欢以教主和理论家自居，致力于在他看来更重要的“神学”，并借助神的力量驾驭和控制部众，这样更轻松，在某些时候的确也更有效。杨秀清等人的“实权”一半是连骗带抢拿走的，另一半（甚至一多半）则是洪秀全主动让出的，如封授官爵、核准死刑等，洪秀全是有权多过问的，但实际上他却连新上任官员的谢恩本章都懒得多看。后期杨秀清等人或死或走，他的权力再不受任何制约，但洪秀全先是把行政权力分配给由外戚、武官组成的“掌率”团队，继而再移交给1859年才辗转赶来的新军师、族弟洪仁玕。

杨秀清的“专权”并非“擅权”，而是洪秀全认可的。事实上杨也的确比洪更善于处理军政事务，在杨秀清专权的背景下，原本应该作为中央六部主管对洪秀全负责的六官丞相，原本应该在“殿前”充当各种职责的检点、指挥、侍卫，也就必然“不务正业”，被杨秀清当作“哪里需要哪里搬”的一块砖，而职责相对固定的东殿六部，反倒承担了诸多实际行政事务。但这并不意味着东殿六部才是中枢行政机构，事实上大多数关键政务，是由杨秀清临时指定地位比东殿六部尚书地位更高的“侯相”来负责的，这种临时指定，自然不可能和六官丞相的本来系衔一一对应。如夏官丞相黄玉琨在1853年到1854年间曾经负责刑事案件审理，而刑部本应由秋官丞相负责，可这期间的几位秋官正副丞相，朱锡锟参加扫北远征，卢贤拔实际负责的是制礼作乐等本应由春官丞相承担的工作，曾天养西征，钟廷元在扬州镇守，竟没有一个从事“本职工作”的。

说到这里就该明白，所谓“军师负责制”并不存在。杨秀清、萧朝贵能发号施令，并非因为他们是军师，而是因为他们能“天父、天兄附体”，用洪秀全亲爹、亲哥名义说话。而另一些军师，如同时期的冯云山、韦昌辉，后期的洪仁玕、李秀成，因为没有这种特殊“技能”，即便挂上军师头衔，也负不了什么大责。

如前所述，不喜欢实际工作，更擅长说“天话”的洪秀全，对这样的分工并非不能接受，在天京事变后韦昌辉要大开杀戒，他就表示“尔我非东王不能至此”，主张对杨秀清部属家人宽大处理，这表明他对杨秀清的能力是认可的，杨的专权一方面是自己有意揽权；另一方面，又何尝不是洪秀全因“厌政”而主动交权所致？当然，洪秀全并不认为这是厌政，因为在他看来，自己所负责的“天事”，比凡间军政大事更重要。

天人交战

问题恰恰在于，随着军事形势的好转，洪、杨两人都渐渐觉得，现有的“革命分工”变得不那么牢靠，或不那么合理了。认为不那么牢靠的是洪秀全，他渐渐认为，杨秀清要攘夺的不仅仅是君主职权，还有君主地位本身，这一点在杨拥有“天父下凡”

这一“超能力”的背景下，的确是有可能做到的——更何况，这位“传天父上主皇上帝真神真圣旨”的通天人物，只要自己高兴，就随时可以从人臣变“天爹”，这是最看重“神权”的他所不能接受的。

早在癸好三年（1853年）进城之初，杨秀清就因不满洪秀全否定中国历史人物、禁焚古书的政策，托天父下凡，说“天命之谓性，率性之谓道，以及事父能竭其力，事君能致其身，此等尚非妖话，未便一概全废”，逼迫洪秀全改“烧书”为“删书”，设立删书衙，宣称四书五经等经过删改就可以“旨准颁行”；当年天历十一月廿日，杨秀清为了惩罚洪秀全苛待女官，并想借机夺取天王府内著名美女朱九妹姊妹俩，在和韦昌辉、秦日纲（顶天侯，仅次于诸王的太平天国大员）等议事时突然“天父下凡”，连夜闯入天王府，以“迎接迟缓”为由，要杖责洪秀全四十，闻讯赶来的韦昌辉、秦日纲哭求代君受过，方才免杖；甲寅四年（1854年）六月初一日，他再托“天父下凡”，称“旧遗新遗诏书（即旧约和新约）多有记讹”“不用出先”，停止了洪秀全最为重视的《圣经》出版；乙荣五年（1855年）八月廿六日，“天父下凡”至金龙殿，借批评洪秀全不让妻子长时间问候母亲，要求洪“凡事若想不到，宜与尔清弟商酌为可”。这些仅是在《天父下凡诏书》和《天父圣旨》中记载的，而实际上的“天父下凡”想必更多。

且不说原本要作为臣子“立在陛下”的杨秀清，一旦“天父下凡”就登时乾坤倒转，可以逼洪秀全下跪、打洪秀全屁股，这是多么让人难堪的事，“天父”的许多“圣旨”，实际上已侵犯到洪秀全认为神圣不可侵犯的领域。如果说，让“立在陛下”的臣子杨秀清独揽大权，把自己架空，是洪秀全能忍甚至乐为的，那么和“高高在上”的“天父”共享“神权”，甚至屈居其下，则是洪秀全所不能接受的。

即便如此，倘若杨秀清能把握“神”和“人”的分寸，在“下凡”方面适当把握分寸，对洪秀全的君权表现出足够尊重，这种难堪的关系，仍然可以维持较长时间。毕竟，洪秀全之所以能顺利当上天王，杨秀清“代天父传言”证明他这个“上帝次子、耶稣胞弟”和“太平天王大道君王全”货真价实，是极其关键甚至可说必不可少的一环。正因如此，天京事变杀死杨秀清后两年，洪秀全不得不捏着鼻子给杨秀清“彻底平反”，因为倘说“天父下凡”有问题，不啻说，他这个“天父次子”和“天父”亲封的“天王”，也是彻头彻尾的赝品。

应该说，最初杨秀清是很注意这个“度”的：打洪秀全屁股后两天，他就以杨秀清“臣”的身份登朝谢罪，大谈了一番“君君臣臣”之道，缓和了与洪秀全的关系；该请“旨准”的事，他也礼数周全，不厌其烦地走这个繁文缛节的过场。但随着军事形势越来越好，自己权势越来越大，他对这个“度”，开始有意无意地忽视甚至藐视，这不免让本已对凭空多出个“天爹”郁闷不已的洪秀全，开始担心自己若不先下手为强，恐怕连“虚君”也快做不成了。洪秀全熟读的《周礼》中说，天子的八项最重要权柄，是爵、禄、废、置、生、杀、予、夺，按照今天的话说，就是用人权、提拔权、赏赐权、赦免权，以及与之对应的废黜权、降职权、没收权、处死权，别的权都可以放，这八样必须由决策者牢牢掌握。而如今这八项大权，几乎都旁落东殿，洪秀全自然会感到如芒在背。

配角的争夺

太平天国毕竟不是只有洪、杨两个人，身为副军师、主将的韦昌辉、石达开，以及地位仅次于他们的几位——秦日纲、胡以晄、陈承镕等，在权力格局中也是举足轻重的，他们中任何一个人都不可能和洪、杨分庭抗礼，但他们的向背，却足以影响洪、杨博弈的结果。

韦昌辉地位仅次于杨，在朝中、军中势力深厚，且城府很深，凡事不动声色。杨秀清曾因为各种缘故责骂甚至杖责韦昌辉，如果说，甲寅四年（1854年）二月，韦昌辉部下张子朋激变水营，险些闯下大祸，杨秀清处罚负有连带责任的韦昌辉尚属公道，那么丙辰六年（1856年）三月初五，“天父”因为韦昌辉迎接“下凡”不敲锣，打了其40大板，就显得蛮不讲理。虽然老辣的韦昌辉表面上满不在乎，甚至对杨秀清“益恭”，心里却是既恐且恨。

相对而言，石达开和杨秀清的关系，似乎要好得多。《贼情汇纂》里说，杨秀清“喜其诚悫”，经常委以重任，相对于地位更高的韦昌辉，石达开手握重兵、独当一面的机会更多，时间也更长，安徽、湖北、江西的军政大权，都曾交到他一人之手。但本身“不甚附会邪教俚说”的石达开，对喜怒无常、动辄下凡的

“天父”，自然巴不得敬而远之。时人记载，他每逢听说“天父下凡”，就吓得浑身冷汗。

至于秦日纲、陈承镕，两人都曾在“同庚叔事件”中蒙冤受屈。秦日纲府中牧马人见到杨秀清同庚叔父未起立致敬，被同庚叔父抽了200鞭后送负责刑审的石达开岳父、卫国侯黄玉琨处惩办，黄认为抽200鞭本就过当，不肯追加处罚，同庚叔大闹公堂后向杨秀清告状，杨秀清袒护亲戚，勒令石达开严惩黄玉琨，黄玉琨和为之打抱不平的秦日纲、陈承镕都辞职抗议，杨秀清大怒，重责秦日纲100鞭、陈承镕200鞭，黄玉琨差点投水自尽了。秦日纲更一度“革职为奴”，陈承镕作为朝官领袖屡受屈辱，两人对杨秀清同样既有怨恨，也有恐惧。

以上三人是朝中地位仅次于杨的最高级别官员（胡以晄于天京事变前病逝），尚且如此畏惧，比他们地位更低的，则对杨秀清和“天父”的喜怒无常、刑赏莫测战战兢兢，唯恐一不小心触了霉头。

他们之所以如此恐惧，是因为“天父”无所不知、无所不在、无所不能，“洞人隐私，无所不中”，这当然不是真的靠“神力”，而更多仰赖其发达的耳目。正因为这些耳目无孔不入，各级官员才对这位东王畏若神明。正因如此，他们很难对这位半人半神的“天父”，发自肺腑地亲近。同病相怜加上君臣名分，这些人很容易在洪、杨之争中倒向洪秀全，这就注定了天京事变的结局。

（文 / 陶短房）

1856年：全盛时期戛然而止

不论对于太平天国还是杨秀清而言，1856年——或者说咸丰六年、太平天国丙辰六年，都是充满了戏剧性和转折点的一年，是盛极而衰、大喜大悲的一年。这年开始的时候，太平天国还与清军呈胶着的战局，双方都难以在任何一个战场集中足以彻底压倒对方的绝对优势兵力，不得不在每个战场不死不活地对耗。相对于清方，基本处于内线作战状态的太平军更被动，因为后者显然更难聚拢一支有相当战斗力的机动部队，投入到最关键的战场，从而打破力量平衡。

秦日纲部的外线机动

然而在1856年初，杨秀清似乎找到了这支机动部队，也找到了投放这支机动部队的切入点。这支部队便是在皖北地区活动的陈玉成、李秀成、涂镇兴、陈仕章、周胜坤部，这5人都是自1853年定都后，经历多次战役成长起来的新生代战将，所率领的部队是太平军中较有战斗力的，又会合了刚刚归附的原捻军李昭寿部，虽然这支捻军军纪不佳，但战斗力是很强悍的。当时清方估计，这些太平军集结在皖北，是为了收复庐州，不能说杨秀清一开始没有这样的想法，但随着战局演变，他开始为这支难得的机动部队寻找更合适的战场——镇江。

尽管庐州也很重要，但攻打庐州，只能调动安徽、河南地方军，和一部分江北大营的人马；与之相比，镇江和江北的瓜洲是运河与长江的交汇处，也是天京的东大门，对清、太双方都关系重大，这座城原本由罗大纲驻守，但主力已被抽调反攻芜湖，罗本人也受伤不治，只剩下吴如孝所率领的少量人马死守，被清军吉尔杭阿部围得水泄不通，如不增援，陷落只是时间问题。正因此地至关重要，一旦太平军有大动作，清江南、江北大营势必连动，届时就极可能出现有利于太平军的战机。

1856年2月，皖北太平军悄悄从天京以西江面渡江，经栖霞、龙潭，绕过天京城和江南大营，直奔镇江杀去。这支人马的5员将领都是丞相，其级别已经超过扫北军（3丞相、1检点）和扫北援军（3丞相），不仅如此，杨秀清还特意派出刚刚复职的顶天燕秦日纲统一指挥，可以说，这是定都天京以来，太平军在一个战役方向所派出的最强大阵容。

如此浩大的阵势，清方自然不敢怠慢，原本围攻镇江的副帅余万清撤围堵截，江南大营头号悍将张国梁从东路追堵，两支生力军在句容仓头、下蜀、高资等地苦斗一个多月，最终靠着陈玉成单舟冲入镇江，太平军内外夹攻，击破了围城的吉尔杭阿部，并打退了增援的张国梁部。

接下来的一步出乎所有清方将领的意料：太平军并没有凯旋，也没有扫荡镇江外围残敌，而是径直渡过长江，在太平军江北唯一据点——瓜洲登陆，然后杀向清江北大营驻地扬州，措手不及的江北大营主将托明阿连吃两个大败仗，不得不丢掉扬州城和土桥、三汊河两个经营多年的据点，向西南溃退到蒋王庙一带。

太平军打败吉尔杭阿、张国梁是4月2日，当夜就渡江，3日破土桥，5日破扬州，很显然，这是杨秀清早就筹划好的战役，否则兵力调度、船只准备，都不可能如此得心应手。

接下来的计划，杨秀清似乎并没有想好，他派出一支人马渡江占领江浦，与此同时，秦日纲部太平军分出周胜坤守江南的仓头清军旧营，让吴如孝回镇江，主力则沿江东进，在4月中旬占领浦口。

许多军事史著作都认为，杨秀清是打算让秦日纲部从江浦、浦口渡江凯旋，但仔细推敲就可以发现，并非如此。

占领江浦、浦口后，秦日纲部和天京援军已经会合，从16日占浦口，到22日失守，中间长达6天时间，足够全军渡江至下关回京，但秦日纲部却安安稳稳地待在原地不动，说他们想从浦口回京于理不合，说他们后来因渡江路线被切断而被迫东返，则更说不通。

让我们看看此时清方做了些什么。

巅峰势头维持了不到一个月

4月6日至4月10日，清军江南大营主力张国梁部，江苏省兵主力吉尔杭阿部一直在忙着和留守仓头等地的周胜坤部作战，最终周胜坤战死，余部由其哥哥周胜富率领撤入镇江城；16日，得知江北大营失利、浦口失陷，江南大营主将向荣在咸丰帝的催促下，又急忙将张国梁部抽调渡江，这支江南大营主力果然不含糊，在4月22日和27日先后收复了浦口、江浦。

尽管看上去势头不错，但原本合在一处的张国梁、吉尔杭阿两部已经被拆散，最精锐的张部也疲于奔命，而秦日纲部却获得了宝贵的10天休整时间。不仅如此，4月8日，也就是秦日纲部占领扬州后第三天，江西太平军石达开部约3万人分三路进入皖南，开始向天京外围靠拢，并直接威胁江南大营的后方基地宁国。这一举措不但进一步分散和疲敝了清军（张国梁部就因为宁国告急，而不得不在收复江浦当天匆匆渡江增援），也让太平军在天京—镇江主战场上的兵力更加集中。很明显，这又是一个深思熟虑的大战役规划，其最终战役目标，就是从广西一路追到天京的清军主力——江南大营向荣部，而能下如此一盘大棋的没有别人，只能是主宰太平天国军政大权的杨秀清。

4月底，秦日纲部开始向东进军，在没有太多阻力的情况下却兜兜转转，直到5月27日才从瓜洲渡江，返回镇江城外的金山。在此期间，石达开部连克太平府、宁国府，进军天京城南的重要据点秣陵关，迫使向荣不得不让张国梁带重兵抵御，疲于奔命、镇江外围的吉尔杭阿部成了一支孤军。

6月1日，秦日纲、吴如孝部猛攻困守高资烟墩山的吉尔杭阿部，经过连日会战，先后击破吉尔杭阿、虎嵩林、余万清等部，杀死八旗副都统绷阔、江宁知府刘存厚，迫使吉尔杭阿自杀，并在6月13日回到天京近郊。

秦日纲等人或许并不知道杨秀清的全盘计划，他们认为救援镇江的任务已超额完成，转战4个多月的人马早已疲惫不堪，理应回天京休整。没想到他们接到的是杨秀清劈头盖脸的一道严令：攻破江南大营，否则不许回城。

这时天京城外的重镇溧水已被石达开攻克，天京城里的太平军也已经出城扎营，原本包围天京的江南大营，此刻反倒成为太平军反包围中的一步死棋，外围友军都已战败，据点也大部分丢失，主力张国梁部早已是强弩之末，在秦日纲等人看来，不许回城也许是不近情理，但对于杨秀清，恐怕早已是成竹在胸了。

6月20日，秦日纲、石达开和天京太平军分4路猛攻江南大营，仅一昼夜就将向荣全军击溃，次日向荣被迫放弃孝陵卫等地营盘和要地句容，退守丹阳。杨秀清随即派秦日纲等追击向荣，石达开回援武昌，北王韦昌辉等进军江西，8月9日，向荣在丹阳城中气愤忧闷而死，太平天国达到国势、军势的顶峰。

然而这种巅峰势头只维持了不到1个月：8月底，在丹阳、金坛受到小挫的太平军竟放弃攻势，以至于清方吹嘘他们击毙了太平军主帅秦日纲；与此同时，江西、湖北的两路太平军，也忽然变得行动迟缓。

真相很快大白于天下：杨秀清死了，死于1856年9月2日的天京事变。

是否逼封“万岁”还是一个谜

关于天京事变，各方的记载出入很大：《金陵省难纪略》《金陵续记》等都说杨秀清飞扬跋扈，使得忍无可忍的洪秀全密令韦昌辉、石达开、秦日纲等人设法除掉杨秀清。这些记载和李秀成的供词都认为，杨秀清逼洪秀全封自己“万岁”，从而惹来杀身之祸。但和其他几位不同，当时在句容、金坛前线的李秀成坚持认为，洪秀全本人没参与密谋，是石达开、韦昌辉、秦日纲三人“大齐一心”合计的结果，但仍有一些人认为洪秀全参与了杀杨密议。而事发时远在湖北的石达开则称，杨秀清性情高傲，洪秀全为激怒韦昌辉等人动手，故意加封杨秀清为万岁，结果韦昌辉等人果然把杨秀清杀了。

各家记载都说有“封万岁”的事，只是有杨秀清逼封、洪秀全故意加封两个版本；密议杀杨的版本则更多，有认为是洪秀全主使，韦昌辉、石达开、秦日纲参与的，也有认为洪秀全或石达开未直接参与的。记载者既有当时人也有被认为相当严谨的后来人；既有太平军方面的人，也有根据目击者口述写作的外国人，但事实真相究竟如何？

杨秀清“性情高傲”显然是毫无疑问的，他有强烈的权力欲，对洪秀全百般压制，也是无争议的事实，但他是否逼封过“万岁”？目前的说法，其实都来自一个信息源——洪秀全。

唯一记载“逼封”日期的是李滨《中兴别记》，称8月22日逼封，9月23日（太平天国丙辰六年八月十七日）杨秀清生日当天正式加封。但李滨在记载中称，他在同治六年（1867年）才13岁（实岁是12岁），《中兴别记》出版于清朝灭亡前一年的1910年，天京事变发生时，这个土生土长的南京人只有两岁或三岁，很显然，他的记载不能作为第一手资料。而其他记载者都直接或间接来自杨秀清死后、洪秀全方面的说辞，只能说，杨秀清是否封万岁，是主动逼封还是洪秀全故意加封，仍然是个未解的谜团。

是否有密议，洪秀全是否参与密议，有不同意见的是李秀成和石达开，但从韦昌辉、秦日纲几乎同时秘密回京，朝臣领袖陈承镕亲自接应，以及“无所不知、无所不能”的杨秀清竟然毫无防备等事实可以断定，洪秀全正是杀死杨秀清的主谋，没有他的调度，这些人就算有杀杨的胆子，也不敢互相串联，同时动作，更不可能如此成功地瞒天过海，在杨秀清眼皮底下磨好屠刀。

李秀成并没随秦日纲回天京，事发的整个过程都不在场，他的说法显然是洪秀全的官方版本，没有洪秀全这个主谋毫不足奇。石达开否认存在密议则有两个可能，要么他事先被排除在密议之外；要么他为了撇清自己，索性连密议也矢口否认了。

如此一梳理，天京事变的脉络就很清楚了：被攘夺了权力的洪秀全对动辄借“天父下凡”威胁自己地位的杨秀清忍无可忍，表面继续推崇，暗中却与韦昌辉、秦日纲、陈承镕（可能还有石达开）等朝中大员密议，趁太平天国刚获得空前大捷、杨秀清志得意满放松警惕之际，利用陈承镕掌握城门钥匙的便利，悄悄将韦昌辉、秦日纲等人及其心腹亲兵召回天京，用突袭的手段杀死杨秀清全家和许多亲信。

天国第一人死于非命

《金陵续记》称，是韦昌辉亲自指挥了突袭东王府的行动，当场被杀者包括东王父子、家丁27口、“伪王娘54口”以及“掳禁服侍被奸有孕”的其他侍女，随后的记载虽然众说纷纭，一些绘声绘色的描写，如“苦肉计”“鸿门宴”和东殿—北殿内战等，都未必属实，但太平天国骨干、重臣成批死于此役是确信无疑的。《金陵省难纪略》称整个天京事变为韦昌辉等杀死的太平天国骨干超过两万，可能夸大。而《金陵续记》称，有大批东殿出征将官被调回处死，但从史料中可知，不但东殿承宣黄文金、胡鼎文等关系较疏远的东殿部属安然无恙，和杨秀清关系密切的李寿晖、李寿春兄弟，甚至“民愤很大”的林锡保，都同样幸免于难。然而在京的大批东殿属官、朝臣及其家属遇害，随即韦昌辉杀死石达开全家、洪秀全重施故技暗算韦昌辉、在石达开“靖难”压力下处死秦日纲和陈承镕等一系列后续事件接连发生，太平天国的全盛期就这么刚刚开始便戛然而止，刚到达个人成功巅峰的杨秀清，也就这样死于非命。

洪秀全是打着“天父次子”“天生真主”的旗号起家的，杨秀清这个“天父代言人”是他一切光环的基础，不论出于何等原因，亲手打碎这一光环的后果只能是“江山打不通”，从此丧失神秘感和号召力，沦为孤家寡人。

自炫精明的杨秀清，明知“天父”是假的，却沉醉于这种百试百灵的廉价政治幻术，既不愿还政于洪秀全、分权于诸王和大臣，又不愿索性抹下脸皮篡位，在这种不进不退的尴尬局面中又“性情高傲”，最终令上至洪秀全、下至普通朝臣人人自危，耳目众多、神通广大的太平天国第一人，最终竟死于暗算偷袭而不自知，实在是莫大的讽刺。

他是个奢侈铺张的人，据说连洗脸盆都是金的，出门时总带着如耍龙灯般的超级仪仗队，坐轿和睡床据说是玻璃做的，可以蓄水养金鱼。至于“东王好色”，也是丝毫不假，从他被害时有如此数量的“王娘”和编外王娘殉葬，和郑重其事到处贴布告寻访眼科大夫可知，他因为纵欲过度导致眼疾复发、一目失明的传闻，是有很大可信度的。不过对于一个政治家而言，奢侈或好色都不算最大的错误，身为一国军政的主心骨，却始终不能建立起符合时代水平的、稳定的政治法律制度，刑赏任意，文武不分，正常的城市商业制度被打破，甚至城市家庭生活也一度被强行中断。与此同时，洪、杨等几个“神人”却可以广拥妻妾，坐享富贵。这样一个政权无论如何都是畸形的、非常态的，即使得势于一时，也终究难以持久。

代价高昂的政治再平衡

杨秀清的突然消失，让原本微妙的太平天国政治平衡一下被打破了。首先膨胀起来的是韦昌辉。“天父”这块一直压在自己头顶上的巨石一旦消失，他被压抑已久的野心便突然爆发，曾经谦恭拘谨的北王，突然变成比杨秀清更傲慢、更疯狂的杀手，他像杨秀清一样大权独揽、作威作福，并不顾洪秀全反对，设计屠杀了大批东殿亲信、部属，更杀害了闻讯赶来劝阻的石达开全家。只可惜，他徒有杨的做派和野心，却没有杨的能力，更没有杨“天父下凡”的“神力”，如果说杨秀清的权威一大半来自自己，韦昌辉的权威则几乎都来自洪秀全的授权、背书，一旦洪秀全取消支持，他的威势就顷刻间荡然无存。事实也正是如此。11月2日，洪秀全暗中联络城里的秦日纲、陈承镕，和远在安徽宁国的石达开，在韦昌辉恼羞成怒围攻天王府时，突然在宫城城墙上打出石达开的黄心蓝边旗，适才还不可一世的韦昌辉登时众叛亲离、死于非命。

秦日纲、陈承镕在天京事变中，扮演的是洪秀全打手的角色，“要咬谁就咬谁，要咬几口就几口”，杀杨、杀韦、攻石，都是洪秀全的授意。但他们树敌过多，又为石达开所不容，最终迫于压力，成了洪秀全收买人心的替罪羊。

丙辰六年（1856年）底，石达开这个硕果仅存的前期王爵回天京辅政，他有能力、得人心，也留心军政事务，但“被东北王弄怕”的洪秀全，此时已不敢再信任异姓外臣，分封哥哥洪仁发、洪仁达为安王、福王，以分散石达开的权力，令石达开怏怏不乐，唯恐重蹈韦昌辉、秦日纲的覆辙。

不仅如此，石达开只是“凡人”，他即便能替代“东王”在人间的角色，却无法替代“天父”在太平天国神学体系中的地位。和杨秀清、韦昌辉等不同，石达开既不愿成为君臣猜忌的牺牲品，更不愿和洪秀全翻脸，成为“不义的翼王”，丁巳七年（1857年）7月2日，他率领部下离开天京出走，此后六年间转战数省，直到在大渡河边全军覆没，石达开始终打着太平天国的旗号，洪秀全虽对他不喜、不满，但始终保留着他的职衔，君臣二人，最终用这种既分家又不分家的方式，实现了代价高昂的政治再平衡——代价是被清方各个击破，同归于尽。

不得不进行的平反

杨秀清死后曾被贬为“东孽”，但这种“妖魔化”的趋势很快就被叫停，随着韦昌辉的被杀，打着“为杨秀清报仇”旗号“靖难”的石达开回朝辅政，杨秀清的评价问题似乎被悬了起来，既没有继续贬低，也没有就此平反，杨辅清、杨宜清等东王直系仍然各处漂泊，不敢回朝。

这种趋势随着石达开的出走，和洪秀全任用亲戚尝试的失败，在几年后得到扭转。1858年11月，英国特使额尔金率舰队进入长江，洪秀全在给额尔金的诏书中令人瞩目地首次明确承认，杨秀清是上帝的第三子、自己和耶稣同父同母的亲弟弟；次年天历十月初七日，洪秀全颁布诏书，宣布将每年三月初三定为“爷降节”，纪念杨秀清的首次“天父下凡”，每年七月二十七日为“东王升天节”，纪念杨秀清的“升天”；庚申十年（1860年）九月十三日，托幼天王名义加封杨秀清伯父杨庆善“爵同南”（和冯云山地位待遇一样），三十一日，同意为杨秀清修建“正九重天廷”；十二月二十七日，宣布从今以后“内外本章”只许盖幼东王一个人的印，干王洪仁玕及一概金印都不许再盖；次年二月二十一日“永定印衔”，东王获得了“传天父上主皇上帝真神真圣旨圣神上帝之风雷劝慰师后师左辅正军师顶天扶朝纲东王”这长达37个字的头衔，可谓煊赫已极，甚至杨秀清生前，也未能攀上如此堂皇的“神人双高峰”。

正如王庆成先生所剖析的，太平天国这个神权国家，洪秀全这个教主君王，其君权的依据，除洪秀全自己早期那个升天幻梦外，主要依靠的便是杨秀清、萧朝贵，尤其是杨秀清的“代天传言”，甚至洪秀全的幻梦也要依靠“天父、天兄”亲口证实才有说服力。尽管他们借这个特权玩弄洪秀全于股掌，攘夺了军政大权，但也确实让洪秀全的天王地位获得了神圣的光环，没有这一光环，所谓“天王、幼天王”便缺乏君临天下的理由，洪秀全的拜上帝教也难以自圆其说。因此不管洪秀全内心有多痛恨、害怕杨秀清，他最终都不得不给杨秀清平反，并连本带利地奉还那些曾被他剥夺的神圣头衔。

实际上，1858年以后的杨秀清，已经是一个死人了，虽然他表面上有儿子、有众多兄弟，但幼东王杨天佑其实是洪秀全的亲儿子洪天佑，甚至过继给杨秀清后连姓也没全改，被洪秀全称为“天佑子侄”——一半儿子、一半侄子。而杨辅清等人实际上都不是杨秀清的血亲，虽然官职不低，但在后期军政体系中始终处于边缘化的地位，杨辅清虽然做过中军主将、辅王和军师，算是后期官爵最显赫的人物之一，但如此高官却连块巩固的地盘都没有，也从没获得入朝辅政的恩典。

对这样的一个“天弟”，当然是再怎样加封、颂扬，也毫无政治风险了，正因如此，“天佑子侄”这个不到10岁的“东王继承人”，自辛酉十一年（1861年）四月二十七日首次出现在诏书上起，就一直大摇大摆地排在满朝权贵的第一名，而在大约同年或稍后颁布的“朝天朝主图”上，太平天国前10位权贵的排名为“爷哥朕幼光明东西长次”，其中“爷哥”分别为上帝、耶稣，属于神；“朕幼”是洪秀全、洪天贵福，属于君，“光明”则是洪秀全的三子洪天光、四子洪天明，东王赫然排在上述6位之后，洪秀全两个哥哥之前。表面上看，这是在推崇杨秀清，实际上还是“自家把戏”：所谓“幼东王”，本来就是洪天光、洪天明的五弟，紧排在洪天光、洪天明两人之后，实在是再合适不过了。

（文 / 陶短房）

太平天国治下的江南

长毛，是当时和后来江南百姓对太平天国队伍的称呼（因为太平天国提倡留长发）。据从小在嘉兴平湖长大的岳泰回忆，直到他幼年（20世纪50年代初）时期，每当有小孩哇哇大哭时，大人就吓唬小孩，不是说“狼来了……”，而是说“长毛来了……”。太平天国战乱在平湖的普通百姓心理上留下非常恐怖的印象。据《平湖县志》记载：道光十八年（1838年）全县人口为304365人，可是仅仅过了26年，到同治三年（1864年）全县清查人口仅为50750人。

太平天国运动后，曾经繁华富庶的江南“几乎百里无人烟，其中大半人民皆死亡，室庐焚毁，田亩无主，荒弃不耕”。1851年，江苏人口约为4430万，经历战乱后十年恢复，即到1874年，人口连2000万还不到。范文澜在其《中国近代史》中说：扬州、苏州、南京在太平天国战争后，“二三十里无居民”，“竟日不逢一人”。

太平天国对江南的破坏主要是在1856年天京事变之后。太平天国运动初期，由于有拜上帝教这样的宗教约束，军纪也很严明，所以烧杀之事还有所克制，但也有全州屠城的恶例。天京事变后，太平天国朝纲紊乱，大量的流民、土匪以及捻军、清军的降军等各路势力相继进入太平天国，此时太平天国正在走下坡路，为壮大实力，也就来者不拒。这些人打着太平军的旗号，烧杀抢掠无恶不作，这不仅进一步败坏了太平天国的名声，还使其纪律废弛，一些军队已与土匪无异。当时的一个外国传教士麦高文曾说："其致令人民受灾劫最惨者，非官军及太平军，而为毫无管制的土匪。土匪有临时铤而走险的，也有常年惯匪……每当一城失守，种种毁坏、强奸、抢劫——所有加之于太平军的罪行，皆土匪所为……人称土匪为'本地妖魔'。"

而在这场浩劫中，死于清军之手的人口绝不少于太平军。一方面，湘军打出"以理学治军"的旗号。咸丰八年（1858年），曾国藩创作了集中体现"仁"这一儒家核心价值观的《爱民歌》，要求士兵背诵传唱，做到"军士与民如一家，千记不可欺负他"。但另一方面，又纵容其军队烧杀抢掠，还打出"民可爱而刁民不可爱，绅可敬而劣绅不可敬"的幌子，主张对太平军赶尽杀绝，即使对叛变投降者也不例外，以至于落下了"曾剃头"之称。

湘军为维系军心，"大索"成为其刺激士气的重要手段，晚年曾国藩退隐后，其同乡王湘绮曾问他为何纵容手下杀戮时，曾国藩平淡对之："吾之兵士，非朝廷俸养，然为朝廷竭力，故唯有薄民生而厚朝廷也哉！"正是这样一支标榜仁义道德的军队，一手制造了太平天国战争期间罕见的三次屠城暴行。

湘军三次屠城

1858年4月，湘军悍将李续宾经过一年多时间的苦战，攻克重镇九江，为湘军战胜太平军奠定了决定性的基础。李加封巡抚衔，赐黄马褂，成为封疆大吏。然而在破城之后，他不仅下令杀了太平军守将林启容以及1.7万名守军，还大规模杀戮平民，开了湘军屠城的先例。九江城内一时积尸成阜，流血成渠。

安庆在太平天国的地位仅次于首都天京。由于安庆是天京上游的重要门户，安庆的得失，对太平天国后期战争的全局关系极大。安庆保卫战是太平军战史上最惨烈的一次战役，太平军先后投入数十万兵力，最终归于失败。1861年，曾国藩攻下安庆后，下令士兵“大索三日”，屠杀淫掠，整个安庆几乎变成了一座空城。“大索”字面上是搜索“残敌”，实际则是纵容士兵在当地公开抢劫奸淫。曾国藩的亲信李榕称：“通计前后杀毙援贼、城外垒贼、降贼及城中之贼实有四万余人，军兴以来，杀劫此为最重。”

1864年7月，曾国荃部攻陷天京，顿时“十年壮丽天王府，化作荒庄野鸽飞”，繁华的古都南京顿成瓦砾。同时，湘军也再次大开杀戒。曾国藩上报说：曾国荃率所部在南京城内“分段搜杀，三日之间，毙贼共十余万人。秦淮长河尸首如麻”。这实际上是三天就屠杀了十余万南京居民。

清人记载：“金陵之役，伏尸百万，秦淮尽赤；号哭之声，震动四野。”所谓伏尸百万，除了战死者，还有大量的平民。湘军以“大索”为名，从上到下，每一个人置备一个大竹筐，抢到钱财就往竹筐里装。同时亦大肆在城内外进行野蛮的屠杀。

曾国藩的幕僚赵烈文在《能静居士日记》中记载破城后七天时他所目睹的情形：“其老弱本地人民，不能挑担，又无窖可挖者，尽遭杀死，沿街死尸十之九皆老者。其幼孩未满二三岁者亦斫戮以为戏，匍匐道上。妇女四十岁以下者一人俱无，老者无不负伤，或十余刀，数十刀，哀号之声，达于四远，其乱如此，可为发指。”

太平天国强盛时，南京最多有100万人，可屠城之后10多年，到光绪登基时，南京只剩不到50万人。

江浙之殇

苏州位于太湖流域下游，唐至明清时期，苏州一直堪称中国最美丽、最繁荣之地，号称“富甲天下、绝冠中华”。苏州和以苏州为代表的江南体现着中国传统文化的极致。

“三江财富尤贼（指太平军）所觊觎”，苏州的富庶对太平军来说，也有巨大的吸引力和诱惑力。1860年5月，太平天国忠王李秀成攻打苏州，江苏巡抚徐有壬和总兵马德昭为巩固城防，“首令民装裹，次令迁徙，三令纵火”。一把大火，使苏州曾经繁华盖世的阊门外直到枫桥寒山寺，顷刻之间烟焰蔽天、日夜不息，数十万苏州市民逃往上海租界。时人李寿龄曾作《姑苏哀》：“清军十万仓皇来，三日城门闭不开。抚军下令烧民屋，城外万户成寒灰。健儿应募尽反颜，弃甲堆积如丘山。”

6月2日，李秀成军攻克苏州，并以苏州为首府建立了太平天国苏福省。苏福省建立后，李秀成虽采取了一些稳定社会秩序的有效措施，苏州的商业重新出现了兴旺景象。但苏州也遭受了严重破坏，太平军不仅摧毁了城市里的行会组织，也破坏了手工业工场和作坊，许多行业陷于停顿。一向十分活跃的行会组织完全被摧毁，行会董事大多逃散或死于战乱。

1863年初，李鸿章统率的淮军向苏福省挺进，李秀成军与之展开惨烈的争夺战。在这场大搏杀中，繁华的江南"尽成废墟"，田园荒芜，农村的家庭手工业和城市手工业被摧毁殆尽。1865年1月13日《上海之友》报发表了一位外国商人从苏州到南京的沿途见闻：

> （苏州陷落前）南京和苏州之间一带乡间是可爱的花园，运河两岸十八里内全都排列着房舍，居民像蜂群似的忙碌着，处处显示出这些人民有理由可以预期到的繁荣景象。自苏州复归于清军之手后，这些房舍以及无数桥梁全都消失了。整个十八里之内没有一幢房子，四周乡间，举目荒凉。人民畏清兵如豺虎，一见就惶惶逃命。看不见男人，看不见妇女，看不见儿童，也看不见任何一头牲畜……在通往无锡的路上，遍地荒芜，荆草漫生……可是沿途布满了数不清的白骨骷髅和半腐的尸体，使人望而生畏。这里没有做买卖的船只，商业绝迹，无锡已成为一片废墟……到常

州府，沿途九十五里，仍旧是一片荒芜凄惨的景象，不见一个做工的人。遍地荒蒿，杂草没胫……从常州府到丹阳遍地布满了白骨，不幸的太平军，更可能是无辜的村民，一定遭到了极其可怕的屠戮。我从丹阳前进四十五里，前进得越远，地方上的情况就越坏，一言以蔽之，整个情况是“一团糟”。

据统计，太平天国战后的苏州，人口由1831年的340万下降到1865年的129万，经济上的富庶与繁华和文化上的标致与优雅都已随风而逝。同样，有着“人间天堂”之称的杭州在1861年至1864年被太平军占领期间，因死于战火、屠杀、瘟疫以及人口的逃亡，原有居民由81万骤减至20万，最少时一度仅剩下数万人。

1853年，太平军占领江南地区时，封锁了大运河上的交通运输，切断了贯通南北的经济大动脉，清廷和商人只好发展途经上海的海上运输，这种变化导致了运河城市带的急遽衰落。1860年，太平天国攻克杭州，据生活在杭州的徽商子弟程秉钊的日记《记事珠》记载，劫后的杭州城：“积尸横路，血肉淋漓，秽气熏蒸，不可逼视。人家墙扉洞然，无一完善者……”昔日的繁华街市顿时化为人间地狱。

整个江浙的人口，到民国初期才恢复到原来的水平。还有资料说，到太平天国失败十年以后，安徽一带有些地方，那些被杀死的尸骨都还没埋起来。在这场浩劫中，究竟有多少人丧生至今仍是个谜，时任美国驻华公使柔克义估计，太平天国战争导致的人口死亡数为2000万。而1883年一位美国传教士则称，太平天国战争造成中国人口损失为5000万。葛剑雄教授通过系统的研究分析后认为，从1851年到1865年，中国绝对人口的数量减少了1/4。

上海崛起

太平天国战后东南财富遭受严重破坏，安庆、苏州、杭州都因此而衰落。不过，在这场浩劫中也有例外，那就是上海。因太平天国运动，上海从一个普通的滨海县城，迅速发展成为近代化的大都市，并取代苏州和杭州，成为江南新的中心城市和长江三角洲地区社会经济发展的龙头。

上海与太平天国政权，似乎没有什么太多的联系。1860年至1862年，李秀成三次进攻上海，均无功而返。太平天国一度占领了上海周边地区，却始终没有占领上海。但在无意之中，太平天国运动却成就了上海的繁荣。

1853年，太平军进军南京，9月，上海小刀会起义，列强趁机在上海扩大租界，经数度扩充，英、美、法在上海租界总面积约10公里，有“十里洋场”之称。小刀会起义前，居住在租界内的华人只有500人，之后则猛增至两万人。1860年之后，太平天国攻占长江中下游地区，引起官员、士绅和百姓的大逃亡，老百姓逃亡的路线几乎一致：由南京、镇江、常州、无锡、苏州、上海，再由上海及上海周围县城向租界逃亡，上海因有洋人而令人感到安全，上海的租界更因为是“国中之国”，更加令人感到安全。于是，上海租界在短期内急剧膨胀，1860年上海租界人口激增至30万，1862年又增至50万,一度还曾达到70余万。难民逃亡的结果，使浙江和苏南一带大量游资在上海的租界内积聚并沉淀，从1860年到1862年短短的两年时间里，至少有650万银圆的华人资本流入租界。上海租界接纳的这些难民以及他们带来的资金和智慧，给上海的经济发展带来巨大的活力。此后的上海便步入超常规的大发展时期，迅速超过了宁波、福州、厦门等沿海城市而繁荣起来。

姚公鹤1917年在《上海闲话》中曾经感叹道：“上海兵事凡经三次：第一次道光时英人之役，为上海开埠之造因；第二次咸丰初刘丽川（上海小刀会首领）之役，为华界人民聚居上海租界之造因；第三次咸丰末太平军之役，为江浙及长江一带人民聚居上海租界之造因。经一次兵事，则租界繁荣一次。”

上海，成为饱受摧残的江南之唯一亮点。

（文 / 黄金生）

曾国藩的“五星球队”

清朝末年，有一幅年画在民间广为流传，豪门或寒舍的人家在过年时纷纷张贴这幅画以增加喜庆气氛，这幅画也蕴含祈福与感恩之意。

这幅年画名曰《曾国藩庆贺太平晏》，图上标明由铭香斋出品。铭香斋是上海旧校场“年画一条街”上有名的店铺。上海旧校场有数十家年画铺，聚集了全国顶尖的年画高手。旧校场年画发源于苏州桃花坞。太平军占领南京、苏州等重要城市后，苏州大多数年画铺被毁，画师避祸于未烧战火的上海。

这幅年画用现在的话来说属于“主旋律”作品，歌颂的是平定太平天国、光复东南半壁的“中兴名臣”。年画中坐在中堂正位的是曾国藩、李鸿章两师徒，左右两侧分坐的座次排序是：左宗棠、彭玉麟、骆秉章、李续宜、鲍超、曾国荃。背后三三五五站立的官员未标姓名。大堂中间一军官正在接过一位通信兵递来的捷报。

这幅年画的背景即是东南底定，国家已进入太平时期。除早期战殁或病逝的江忠源、胡林翼、塔齐布、罗泽南等人外，湘淮系重要人物几乎聚集一堂。但我们知道，真实的历史场景不是这样的，曾国藩不可能把镇守各处的文武大吏如左宗棠、骆秉章等重臣叫到一起摆酒庆贺——果真如此，太后和皇帝还不生疑？而且这些牛人真的聚集在一起，左宗棠恐怕很难接受自己的座次比李鸿章低。

艺术创作是“源于生活，高于生活”，年画反映的是当时朝野对“中兴名臣”——或者说“曾国藩”团队历史功绩的认可和赞美。这幅年画创作时，距离平定洪、杨未远，“中兴名臣”的勋业尚属当代史。今天，时间已过了一个半世纪，再来看这幅年画，画师的历史眼光不得不让人由衷地赞叹。当然，画中李鸿章的地位处在左宗棠之上，可能会引起争议，笔者揣度原因大致如此：这幅画印行时，左宗棠已经去世，而李鸿章此时是疆臣之首，权倾朝野。

画中的几位“中兴名臣”和身后那些没署名的高官，或是曾国藩的门生，或是其同乡、朋友、胞弟，或是其风尘中识拔的草莽英雄。除鲍超外，其余皆为书生出身。可以说，这张“全家福”式的年画，是对以曾国藩为首的清朝“中兴”团队最到位的描绘和诠释。

那么，这一个主要以湖南籍士人（李鸿章、骆秉章、鲍超虽非湘籍，但与湘地或湘籍人士关系密切）为班底的团队是如何形成的，它运行的逻辑是什么？和洪秀全以两广边缘精英为班底的团队区别何在？

湘军和太平军区别在管理层

“湖南士子”“湘籍官员”这类标签出现较晚，因为在整个明代和清代康熙以前，两湖合为湖广省，湖南偏处内陆。大湖与高山环抱，交通闭塞，经济文化欠发达，一直被视为荆楚之附庸。直到康熙朝湖北、湖南分省，雍正元年（1723年）两湖分闱，湖南独立举行乡试，从此，湖南的士子不需要长途跋涉，冒着渡船毁于洞庭湖的风险去武昌应举，湖南人才方才蓬勃而出。至1840年，14位通过科举官至大学士、尚书、总督的湖南籍人士，其中12位是两湖分闱后出现的，包括曾国藩之前的湘籍官员领头人陶澍。

1811年曾国藩出生于湘乡县荷叶塘一个小地主家庭时，距两湖分闱近一个世纪。此时湖南士风激昂、学风纯良，在这样的文化氛围里，曾国藩和其他湖南籍同龄士人成长起来，为日后曾国藩组建“湘军系”团队做好了人才准备。

考察整个湘军结构，可以称之为“精英驾驭群氓”。任何一个军事集团，第一线冲锋陷阵当炮灰的，多为普通老百姓，或农民、手工业者和城市贫民。就这个基本盘而言湘军和太平军差不多，关键的区别是管理层，即高层和中层的构成。

以儒家理论为基础而建构起来的科举制度和乡村自治体系，打通了朝廷到山乡僻野的治理通道和信息通道——这是曾国藩团队能够建立起来的关键。就管理层而言，层层选拔的科举制，使曾国藩和其同乡师友，构成了进士—举人—诸生彼此关联、同声共气的三级人才体系。基本格局是：进士在朝，即出任朝廷命官或在京或外放；举人在省，有举人身份的士子即使不当官也在全省有相当的名望，或聘为官员幕僚或聘为书院教师；诸生

（即秀才）在乡，未能考取举人的诸生成为本乡本土的绅士，维护本地秩序，与社会底层联系紧密，用现在的话来说就是“接地气”。这三类士人，因才华或运气差别而导致身份有差别，但他们之间有同乡、师友关系，因此在重大问题上能互通声气、彼此协同。笔者试以曾国藩、胡林翼、郭嵩焘（此三位进士），左宗棠、江忠源（此二人举人），罗泽南、刘蓉（此二人诸生，罗泽南由地方官荐为“孝廉方正”）为例来说明之。

遍布朝野的三级人才结构

这些几乎是同龄人的湘籍士大夫中，曾国藩的运气最好、地位最高。其28岁就进士及第，并被遴选为翰林院庶吉士，38岁官至二品侍郎；而罗泽南命运多舛，其尚是童生时，即以大儒之名闻名湘省，四方设馆授徒，人到中年后才通过童子试取得生员资格。这些人属于价值观相同、话语体系一样的精英阶层，早年因为同乡关系而相识，多有书信过从，有些还是少年好友。如曾国藩登进士第前，就和刘蓉、郭嵩焘是一起就读于岳麓书院的好友。当曾国藩成为京官，并快速升迁时，他便很周到地照顾来京赶考的同乡，如任侠好义的江忠源落魄京华时，曾国藩一见视为奇才，遂订交。

湖湘人才在康、雍、乾三朝后开始呈现喷涌的大势，以及曾国藩早年与同乡俊杰结交的机缘，加上他早登科第、仕途顺遂和理学名臣的人望，使他在巨变来到之前，已具有扭转大局、成为“中兴名臣”领袖的潜质。

曾国藩于咸丰三年（1853年）在家丁母忧时接上谕为帮办团练大臣之前，湖南已经有了两块不错的湘军“试验田”。一为新宁江忠源所办的楚勇，早在咸丰元年（1851年），江忠源已组建楚勇赴广西与风头正盛的太平军交战；咸丰二年（1852年），江忠源在蓑衣渡设下伏兵，与太平军鏖战两昼夜。南王冯云山中炮而死，太平军溃逃，辎重尽被缴获。也是在咸丰二年，太平军进入湖南后，与曾国藩同为湘乡人的罗泽南和弟子王鑫在家乡操练湘勇，以卫桑梓。所以日后曾国藩在其撰写的《罗泽南墓志铭》云：“湘军之兴，威震海内，创之者罗忠节公泽南。”在办团练前，罗泽南已建构了自己的学术理论，也有了起兵卫道的人员班底，而且与地方绅士的交往，使他获得了较好的社会声誉。湘中带兵立功的书生，如王鑫、刘典、李续宾、李续宜、蒋益澧、曾国荃、曾国葆等人，皆为罗氏弟子。郭嵩焘后来评价道：“曾文正公初募湘军，专依罗泽南、王鑫。”

正因为这种“进士—举人—诸生”分布在朝野的三级人才结构，彼此联系紧密，才使得离乡14年的曾国藩，在初建湘军时，得罪了湖南整个官场，却在民间社会具有强大的动员能力。在湘军屡建功勋，曾国藩成为手握重兵的湘军统帅并总督两江时，他和其他湘军系高层之间的同乡、朋友关系的底色依然没变。他靠朝廷授予的权力以及自身具备的道德威望来调度兵马，其他湘军系高层尽管官职比曾国藩低，但依然有着独立发展的空间。这种彼此有相对独立性而又上下呼应、相互支援的结构，在大乱之时是最为合适的——它最大限度地保证了单个人的积极性、行动力和政令统一全盘统筹之间的平衡。

这一优势的反例则是：太平天国高层所形成的“君臣关系”，改变了早期传教时的合伙人关系，“君臣关系”必然导致“人身依附”与彼此巨大的不平等，影响到高层其他精英能力的发挥。可以说，洪、杨天京内讧，石达开出走是这一不平衡的高层结构之必然。

湘军的激励机制更优

就高层人士聚合的意识形态纽带比较，湘军集团高层高扬的是“卫道”大旗，如曾国藩《讨粤匪檄》所言：“举中国数千年礼仪人伦，《诗》《书》典则，一旦扫地荡尽，此岂独我大清之变，乃开辟以来名教之奇变，我孔子、孟子之所痛哭于九原，凡读书识字者，又乌可袖手安坐，不思一为之所也。”这决定了湘军系高层一定是社会精英层——士人。而太平军的高层以“拜上帝教”这种借外来宗教之名杂糅本土怪力乱神的民间宗教聚合，其高层只能是处在社会底层的边缘精英。

太平天国永安建制时有六王：天王洪秀全、东王杨秀清、西王萧朝贵、南王冯云山、北王韦昌辉、翼王石达开。六人中洪秀全、冯云山是落第童生，杨秀清、萧朝贵出身贫民家庭，韦昌辉、石达开家境尚属殷实。但他们都是客家人，在土客矛盾十分尖锐的两广地区，是被主流社会排斥、饱受人数占优的土著欺凌的边缘人群。这种高层结构决定他们在早期有相当的凝聚力和极强的战斗力。借助“拜上帝教”，集团高层在早期吸纳的追随者一定是十分忠诚、不惧牺牲的“铁粉”。但随着“市场”越做越大，如不改变经营方针，单靠不计得失的“铁粉”是无法支持下去的。“铁粉”相信可以上天堂，可以忍受现实的贫穷，奉献一切私产过着平均而禁欲的生活。而到了后期，新加入的成员更多的是追求现实利益，不可能像早期的“铁粉”那样无怨无悔，再加上高层的腐化，这个集团不可能再具有强大的战斗力。

反观湘军集团，不但高层和中层组织结构优于太平天国，而且其动员理论和激励机制更优。太平天国的动员理论一是虚幻的宗教许诺，这只对虔诚教徒即“铁粉”有用；二是夷夏之辨，如《奉天讨胡檄》所言：“今满洲另置顶戴，胡衣猴冠，坏先代之服冕，是使中国之人，忘其根本也。”此时清朝已入主中原两百来年，“剃发易服”对一般士民的屈辱感几乎可以忽略不计了，而且清朝统治集团在文化上已完全汉化；指责清朝王室为胡虏夷人，自诩身为华夏正朔的洪杨集团却拜洋人的“上帝”，摧毁本民族的文化，逻辑上是相当冲突的。而湘军的动员理论和激励机制更符合当时中国社会现实，也更符合人性。其对社会精英——士子而言，号召的是“卫道”，孔孟之道是士子立身之本；对普通百姓而言，号召的是“保家”，保卫小家庭不被洪杨所破坏、吞噬。在具体的征战中，领军者可求令名、求官禄，普通士兵可求钱财、求富贵。这样的激励机制对大多数人更有效。

两个团队相比较，洪杨集团只可能市场越做越小，而湘军集团则可以越做越大。如果以足球队来打比方，曾国藩率领的团队是“五星巴西”这样的成熟球队，小组赛时因大牌们进入状态晚，未免磕磕碰碰，到了后期淘汰赛，状态则越来越好。洪秀全、杨秀清的团队，则是一些非洲黑马球队，队员个人能力不错，敢闯敢拼。但全局观不强，战略思想不明，队员之间配合不好。这样的球队小组赛往往能惊艳、能爆冷，但注定走不远。

（文 / 十年砍柴）

战天京：湘军的大战略和小九九

克复南京是天下第一大功，当时诸人没有不知道的。李鸿章诗云："一万年来谁著史，三千里外欲封侯。"这无疑是当事诸人的心声。克复南京，可以名垂青史；倘若躬逢其盛，谁不攘臂而争，谁能袖手而让？于是，南京攻防战，不但是敌我之间的战争，也是清军内部的博弈；既有浴血坚城的壮举，也有兄弟阋墙的机心。

曾国荃对老哥说不

同治元年（1862年）二月十五日，回湘度假三月的曾国荃，率新募六千湘军至安庆，即日奉旨补授江苏布政使。整军十日后，曾国荃领兵沿长江北岸，连克巢县、和州。四月二十日渡江，次日，夺金柱关。此前，在江南作战的曾贞幹已克芜湖，两人会师入江苏境，又连克板桥、秣陵关、大胜关、三汊河诸垒，而彭玉麟率水师夺江心洲与蒲包洲，泊南京护城河。五月初四，在水师配合下，曾国荃直逼南京城下，在雨花台扎营。同时，水师控制了头关与下关之间的江面，曾贞幹在江东桥傍水设垒，保护后勤通道。其时，金陵已被太平天国更名为天京。曾国荃之师，合水陆不足两万人，围住金陵的南面与西面，是为湘军战天京之始。

然而，九洑洲未得手，不能防南渡敌军，不能保证粮道畅通；常州与苏州被太平军控制，既让天京留有一条通路，也让湘军时刻担心东来的强袭。因此，时在安庆湘军大营的统帅曾国藩，并不赞成其弟曾国荃在外围未能肃清的情况下，贸然“长扎雨花台”。他说，即使南京以外的太平军不来骚扰，围城湘军因兵力太单、火力不猛，并未完全阻断南京与外界的交通，则不可能发动攻城，无非是“终岁清闲，全无一事”的局面；而一旦太平军内外夹击，攻打围师，这支孤寂的湘军很有可能遭致“归路全断，一蚁溃堤”的惨败。

果然，闰八月十九日，太平天国忠王李秀成，自苏州率领大军来攻曾国荃，“号称六十万众”（实数或在二十万左右），九月初三，侍王李世贤率十万大军自浙江来，“旗帜如林，层层排列”，将湘军围了个密不透风。太平军先以大炮与地道，继以肉搏，向湘军发起猛攻。幸亏曾国荃谨守“扎硬寨”的心法，墙高且厚、壕深且宽，兼之将士用命，严防死守，在敌军人数、火力俱占优势的情况下，战至十月初五，总算保住了阵地。只是代价不小。太平军来攻之前，湘军营中发生疫病，“死者山积”，太平军既来之后，伤亡枕藉，事后点名，竟然减员五千人，曾国荃自己也受了枪伤，所谓“军兴来未有如此之苦战”也。

兄弟受到重创，曾国藩既揪心，更后怕。若非天气转凉，太平军未备秋衣，此役结局如何，还真不好说。于是，他写信给曾国荃，劝他“莫为浮言所惑，谓金陵指日可下”，不要利令智昏，“而昧于死活之势”，当前的上策，应该是暂时撤围，转战太湖西岸一带，肃清外围以后，再来攻打南京。然而，曾国荃的回答很干脆——不。

当然，他有理由。南京是“长毛老巢”，湘军起兵，最终任务就是占领南京。现在从安庆到南京，水陆俱已打通，固应驻扎一支部队在南京城下，起到威慑作用，同时，还可以牵制苏州、常州、杭州、嘉兴的太平军，令其在回救南京与扩张势力（例如进攻上海、福建与江西）之间难以取舍。如果遵从“阿兄”的建议，解围南京，转战东南，倘若事机顺利，固如曾国藩所说“不过数月间事”，可以快去快回，继续围困南京。但是，事机不顺的话，就有可能被太平军纠缠，而南京也能趁机与其他太平军取得联络，那么，再想回来围困南京，恐难如愿。这是他对大战略的理解。他也有小九九。扬州、镇江分别为都兴阿、冯子材镇守，此二人都不属于湘军系统；如果湘军撤围，此二人奉圣旨或自作主张，前来围攻南京，届时湘军只能作为“会剿”之师参与围城，主客易位，事权旁落。所以，这个“茅坑”，不论便意之有无，他都得死死占住，不肯轻言撤离。

对此，曾国藩也无话可说，只能骂一声“呆子”，继续做好统帅的本职工作——对外，争取中央的支持；对内，协调各军的关系。

过分热情的李泰国

中央对湘军的支持，可以“李泰国舰队事件”为例。咸丰十一年（1861年）五月间，恭亲王奕䜣奏请购买英国军舰用于“剿贼”，奉旨谕允，并令湖广、两江、两广督抚妥筹。两江总督曾国藩复奏，谓“购买外洋船炮，为今日救时第一要务”；但是，他这么讲，却不是说只要购买了外洋船炮，就能在军事上收到立竿见影的效果，而是想表达另一种意思：“凡恃己之所有、夸人所无者，世之常情也；忽于所习见、震于所罕见者，亦世之常情也。轮船之速，洋炮之远，在英、法则夸其所独有，在中华则震于所罕见。若能陆续购买，据为己物，在中华，则见惯而不惊；在英、法，亦渐失其所恃。”也就是说，对这些洋人“夸其所独有”的“奇技淫巧”，咱们不妨聊备一格，作为摆设，及至日久天长、积少成多，君臣国人“见惯而不惊”，洋人也就“渐失其所恃”了。近代史所谓“中体西用”的思想，颇为后来全盘西化者诟病，曾国藩此时的态度则顽固到“用”一下也不情愿，买来看看就够了。

这种表面同意、骨子里不以为然的态度，中央诸公自然看得出来，加之湘军旋即克复安庆，军情稍缓，于是，对购买船炮之事“迟之又久，未敢率行骤办”。直到传来太平军欲购美国军舰的谍报，迫于军备竞争的压力，总署才重开谈判，签订合同。合同主要内容为：筹拨沪粤各地关税，作为购船款，合同签订即预付一半，交验后付清余款。英舰驶至中国，由中国总兵官“总统”，兵弁从湖南、山东、满洲招聘，酌情聘用一些外国（不限于英国）人作为舵手、炮手。合同从同治元年正月开始生效。

同治二年（1863年）四月，自称“大清国唯一海军大臣”的李泰国抵达北京，为交接军舰做准备。由于对建设大清国海军抱有过分的热情，他全盘否定了原合同除付款方式外的所有条款。他任命阿思本为舰队“总统”，随船带来六百多名外国官兵，清一色“海龟”，根本没有放“土鳖”上船的意思。总理衙门“不胜诧异”，迅即“严词驳斥”，“相持几至一月”。李泰国做了让步，同意设立“汉总统”，将阿思本降格为“帮总统”，二人“均听所在用兵地方督抚节制调遣”，共赴国难，协剿金陵。原订条款与此相悖者，尽行废除。不过，总署在谈判上取得了“巨大胜利”，具体操作尚需曾氏兄弟、李鸿章诸人负责，故总理衙门咨发各处，妥议妥筹。

如何排除洋人争功

曾国藩机敏，发现新合同明确了李泰国舰队“协剿金陵”的任务。若然，将来岂非要与湘军同分克复南京之功？当然不能同意。可是，仅自不愿分功立言，格调未免太低，让人笑话。且看曾国藩如何寸土必争却又不失风度的反驳。

他先重复一年前与中央形成共识的原则：“购买洋船之议，国藩叹为救时第一要务，盖不重在剿办发逆，而重在陆续购买，据为己有，在中华则见惯而不惊，在英、法亦渐失其所恃。”然后，谴责李泰国的毁约之举，说他巧立名目，搞什么“帮总统”，不过是排挤中国军人，而让外国人实际掌控舰队，若真如了他的愿，则“洋人本有欺凌之心，而更授以可凌之势；华人本有畏怯之素，而又逼处可怯之地”，结果则是中国花巨资购买轮船，却仍然“不得为轮船之主矣”。对此，曾国藩提出了两个解决方案。

首先，我方应“虚与委蛇”，在对方“仪文不甚倨傲，情意不甚隔阂”的情况下，“汉总统”率清军驻于我方习用的长龙与舢板，“帮总统”则率洋人驻于铁甲轮船，分船同泊，“徐讲统辖之方”。但是，对方若“意气凌厉”，“视汉总统如堂下之厮役”，则应施行“B计划”，那就是“既不与之同泊，亦不复言统辖”，干脆“将此船分赏各国，不索原价”。你不是仗着几吨铜铁，夸奇炫独吗？我不是买定离手，不能撤注吗？那好，我先照单全收，不伤和气；然后移赠友邦，另结交情。东南大势已定，固不必借重其力协攻南京，有什么脾气，有什么骄气，我让你发不到我身上。唯一的损失，“区区一百七十万之船价，每年九十四万之用款”而已，“以中国之大，……视之直如秋毫，了不介意”。

乍一看，此番言论或是狭隘的民族主义，或是丧心病狂的官僚做派，但是，要认识到曾国藩这么说的前提，是默认李泰国公然毁约为既成事实，不得不曲为弥缝。而曾国藩所以大发怪论，更是因为看透了事件的本质：总署实是屈服于李泰国个人的强嚣，而非迫于英国政府的压力。李泰国当时的身份是受雇于清廷的总税务司，他如此深地介入军购事宜，在其个人，固有思出其位之嫌；在其职守，必被越俎代庖之责。可以断定，李泰国此次改约，并非政府授意，而是个人即兴。然而，曾国藩在给总理衙门的回信里，对这个判断没说一个字。因为他真能体会中央的苦衷：精通明断如奕䜣、文祥者，岂不自知？而所以忍辱含羞如此，则在于他们并未掌握决策所需的足够信息。所以，他们要向封疆大吏咨商，探听下情，了解军方实力是否足以支撑总署作出更改成议的决定。曾国藩用荒诞派手法忽略掉总署诸公的尴尬，暗示可以决裂的信心，既保存对方颜面，又提供解决方案，这种智慧，实在令人佩服。

十月，在“博采众论”后，又经未来的总税务司赫德居中斡旋，清廷乃痛下决心，在新一轮谈判中采取强硬姿态，将英国军舰、兵勇全部退回，英国且须归还预付款；已经发生的薪酬、差旅等费用，则由中方支付；奖赏阿思本一万两银子；撤销李泰国总税务司之职。实事求是地说，取得这种成果，实在是中国近代史上少见的外交胜利。

没有大炮，只好挖地道

曾国藩的另一项工作——协调各军关系，则集中体现在淮军是否助攻南京一事。同治元年（1862年）三月，经曾国藩密保，李鸿章授江苏巡抚，来到上海，组练淮军。此后，连克青浦、嘉定、常熟、太仓、昆山、江阴诸城，并于同治二年（1863年）十月，克复苏州。同治三年（1864年）二月，左宗棠率老湘营收复杭州，进规湖州。同治三年（1864年）四月，克复常州。至此，天京东面的屏障不复存在。湘军方面，同治二年（1863年）五月，水师克九洑洲，肃清长江；八月，陆军攻下南京东、南面十处坚垒。同治三年（1864年）正月，攻克太平军在钟山之巅修筑的“天保城”，并分守洪山、北固山等处，正式宣告合围。而周边的军事要地，如镇江、东坝、溧水、宜兴、溧阳等处，也都处于湘军、淮军的控制之下。南京已成孤城，“外援将绝，粮米无多”，这才真正拉开战天京这出大戏的幕布。

曾国荃在南京城下围了两年，清廷还是有些着急的，同治三年三月，开始催他，谕云：“金陵城大而坚，围攻不易。诚恐各营将士号令不一，心志难齐，曾国藩能否亲往督办？”一个字都没提到曾国荃，但每个字都是一记耳光。前此，九江、安庆自合围至攻克，费时都在一年以上，南京之险固，甚于二城，比照前事，似不应过于催促。但是，李鸿章收复苏州，只需三月，左宗棠克杭州，不过半年，然则今时不同往日，又未可拖延过久。曾国荃率兵从安庆打到南京，其部下始终跟随，并不存在“号令不一，心志难齐”的问题，朝廷未尝不知道？但偏要以此为借口，让曾国藩亲临督战，用意即在于此。曾国荃是前敌指挥，曾国藩为全局统帅，朝廷不直接催促曾国荃，而向曾国藩委婉示意，就是在不破坏行政指挥架构的情况下，暗示曾国荃应该力图进取，不事苟安，要以李、左为榜样，而不要援照九江、安庆的成例，尽早克复南京。所以说，这道圣旨的每个字都是一记耳光，扇得曾国荃头晕眼花，恼羞成怒，不顾一切，发动猛攻。

但是，湘军与李、左二军相较，在攻城装备方面，有一处巨大的缺陷，那就是没有大型火炮（“炸炮”）。李鸿章有常胜军，左宗棠有常捷军，两支部队的猛烈火力，能在攻城时发挥巨大作用。戈登在常胜军解散后，曾赴南京参观曾国荃的围师，就说湘军“营垒坚固，号令严肃”，令人佩服，美中不足的则是没有“好炮”。然而，曾国荃这会儿急眼了，没有条件，创造条件也要上。没有大炮，那就只好挖地道了。

同治二年（1863年）八月间，曾国荃就已择地开挖，进行前期准备，同治三年（1864年）正月合围后，更是全面开挖，路路并进。但是，地道攻城，实在不是上策。首先，炸药用量太大，难以为继，后勤部长曾国藩就屡屡抱怨，至云“无药可解，特此飞告，请弟莫再轰地洞”，“勿谓兄言之不早也”。其次，在挖地道的过程中，艰险万状，往往损兵折将，徒劳无功。地道是用来装药轰城的，挖得太深，爆破效果不好，但是入地太浅，则会伤损草根，草枯则渐作黄色，必异于周边草色。李秀成登高一望，见城下黄绿相间，晰然可辨，而地道所在，了然于心矣，遂令太平军自城内“穿隧以迎”，“薰以毒烟，灌以沸汤”，而湘军工兵因此“须臾殒命者，率常数十百人”，此外，不慎火烛，发生误炸，工兵“纵横聚葬于其中”，也不罕见。就这么挖，一直挖了大半年，炸药费去十数万斤，工兵死了一两千，南京城还是完好无损。曾国荃愤懑异常，却无计可施，加之肝病复发，身心俱坏，乃“逢人辄怒，遇事辄忧”。

曾、李师徒相声说得很默契

同治三年（1864年）四月初，淮军克常州，清廷旋即下旨，有“会攻（南京）之说”。淮军刚刚经历大战，士卒须稍作休息，未便即刻拔队西向，故谕旨仅示咨询之意，尚未敦促。然而，李鸿章十分机智，立即向曾国藩，尤其向曾国荃表明立场。他说，中央虽有“令敝军会攻之说”，但是，“沅丈（谓曾国荃）劳苦累年，经营此战，一篑未竟，不但洋将、常胜军不可分彼功利，即苏军亦须缓议”。除非湘军实在没辙，非请淮军炮队往助不可，届时，“只要吾师与沅丈一纸书”，淮军一定帮忙。

甚至为了情理上说得过去，李鸿章不惜得罪左宗棠，命淮军主力去“会攻”湖州。湖州在浙江境内，左宗棠是浙江巡抚，克复湖州是本分。李鸿章是江苏巡抚，去打湖州就是捞过界了。曾国荃不愿他人分功，左宗棠何尝没这个意思？怪不得左宗棠听说淮军助攻湖州，便责备李鸿章忙于“越界立功”，对本省尚未平复的宜兴、溧阳置之不顾，“不可谓谋国之忠也”。

当然，淮军助剿之议，决不会因此中止。一个月过去，南京军情依然如故。朝廷只问成效，而不问功自孰成，因此，五月八日，降下一道谕旨：“李鸿章所部兵勇攻城夺隘，所向有功，炮队尤为得力。”“著即迅调劲旅数千及得力炮队前赴金陵，会合曾国荃围师，相机进取，速奏肤公。”“著该抚酌度情形，一面奏闻，一面迅速办理。曾国藩身为统帅，全局在胸，尤当督同李鸿章、曾国荃、彭玉麟，和衷共济，速竟全功，扫穴擒渠，同膺懋赏。总以大局为重，不可稍存畛域之见。”这段圣旨，总结起来就是两个意思：一是李鸿章别废话，赶紧去南京；二是曾国藩别废话，管好你弟。

曾国藩当然听懂了中央的不耐烦。现在，老哥俩已经没有拒绝援剿的借口，唯一可指望的，就看李鸿章是否言行合一，实践他前此表明的立场。李鸿章真是曾国藩的好学生，复奏先说淮军因养伤、接防、会剿等原因，暂时无法组织兵力去南京助攻；其次，本人须与“英酋”就近讨论防务，暂时也不能亲率援军；最后，还有一句画龙点睛的话，即谓湘军现在不缺兵而缺饷，且又新开了十几处地道，至六月间可完工，“如能及早轰开，自必无须协助”。虽然不过是拖字诀，但要承认，这种拖法还是很有水平，更有“良心”。

当然，曾国藩也要复奏表态，不愧为李鸿章之师，他的水平就更高了。他说，前接李鸿章来函，谓淮军将士太辛苦，应做休整，且正在会剿湖州的太平军，须待克复湖州后，再派遣将领来南京助攻。对此，曾国藩大义凛然，进行批判，说李鸿章称只派属将前来，“其知者，以为怜该抚之过劳，信苏将之可恃；不知者，以为臣弟贪独得之美名，忌同列之分功”，显然这是将我兄弟架在火上烤，“犹非臣兄弟平日报国区区之意”。为了避嫌也好，为了军务也好，曾氏兄弟都不能接受这样暧昧的决定，为此，“吁恳天恩，饬催李鸿章速赴金陵，不必待七月暑退以后，亦不必待攻克湖州之时”。这招反客为主一出，皮球就滚回了中央，请慈禧太后与军机处各位大佬想想办法，到底该怎么办理才好。

而且，紧随曾国藩的复奏，李鸿章再上一折，列出一条更有趣味的理由：“现在天气炎热，洋枪连放三四次即红，多则炸裂，开花炮放至十数出后，即不能著手。昨攻长兴，各项炮具俱已震损，亟须回苏修整。以后节交三伏，战事颇难”云云。于是，从目前形势看，曾国藩不断咨催，李鸿章则有各种“实在情形”，二人确系“不分畛域，不避嫌怨”，谁也没有“推诿”。清廷再要紧催，确系无从下口，于是，六月八日的谕旨，口气就缓和多了：“本日览李鸿章所奏，知该督、抚等志切同仇，毫无成见，为之欣慰，更需勉益加勉，和衷共济。有厚望焉。”显而易见，在中央工作的同志很无奈，既然你俩相声说得这么默契，说等秋天才能打枪放炮，那这事就秋天再说吧。

天京陷落

不过，早在四月廿夜，曾国藩给曾国荃写过一封密函（未收入《曾文正公全集》，民国间才从曾国荃后人处流出），早已确定了对待援军的态度，云：“弟愿请少荃（李鸿章）来共事否？弟若情愿一人苦挣苦支，不愿外人来搅乱局面，则飞速复函。余不得弟复信，断不轻奏先报。”我们看不到曾国荃的复函，然可想而知，他的答案还会是一个“不”字，正如两年前孤军深入驻扎雨花台时的态度。这个“不”字，恰能表出曾国荃之志。从表面看，无非是贪恋功名，究其本质，却又可说艰苦卓绝，较诸全无实际，沽名钓誉者，二者不啻霄壤。正因为这份理解，曾国藩才不得不尊重曾国荃的意见。此时此地，尊重曾国荃的意见，就是尊重五万湘军将士的意愿，更是尊重虽九死而未悔、历百折而不挠的精神。最早披露此信的黄濬，提醒读者，要正确理解“不得弟复信，断不轻奏先报”这句话。这绝不是仅仅照顾家门之内的兄弟私情。倘若当日战天京者不是曾国荃，而是其他湘军将领，曾国藩也会如此表态，也只能如此表态。

而在写这信之后的第六天，天王洪秀全在天王府病殁，天京城的根基已经动摇。再过两个月，六月十六日午后，一条填装三万斤火药的地道被点燃，“但闻地中隐隐若雷声，约一点钟之久”，然后听到“霹雳砰訇，如天崩地坼之声”，然后看到“城垣二十余丈随烟直上”，“耸入云霄”。

烟雾弥漫中，李臣典（一说朱洪章）率队冲入缺口，天京陷落。黄昏，李秀成护卫幼天王洪天贵福冲出，旋即分散。十九日，李秀成被捕；七月六日，凌迟处死。洪天贵福逃往广德，三月后被捕，凌迟处死。

湘军大队入城后，搜杀焚掠三日。令人意外的是，风传天京城内“金银如海，百货充盈”，而除缴获洪秀全在长沙南门外所刻玉玺、金印外，湘军竟一无所获。奏闻，中枢本着“逆掳金银，朝廷本不必利其所有”的高姿态，不再询问。舆论则称“江宁镃货尽入（曾国荃）军中”；而争议洪天贵福下落及逃出太平军的实际数目，又引发沈葆桢与左宗棠攻击曾氏兄弟；宿将功臣如彭玉麟、鲍超，纷纷告退，“人辄疑与国荃不和”。故《湘军志》作者王闿运说：“大功虽成，然军气愤郁惨沮矣。”

（文/谭伯牛）

义和团

冠县起义：义和团起源

光绪二十八年（1902年）春，一场声势浩大的起义在直隶广宗县（今属河北邢台）东召村爆发，为首者“龙团大元帅”本名景廷宾，乃梅花拳传人，也是义和团领袖之一。但此时“义和”已成禁忌。庚子之后，清廷将战争责任全部推给“扶清灭洋”的义和团，随之进行血腥绞杀。这次起义，景廷宾不再“扶清灭洋”，他打出一面令人望之色变的旗帜——“扫清灭洋”，公然造朝廷的反。自从清廷镇压义和团以来，反清大旗已经不是第一次被拳民揭起，但这次不同，首先是声势浩大，从最初的几千人迅速发展到三四万人；更重要的是不久后，一位重量级人物加入了起义军，他就是当年山东“扶清灭洋”口号的提出者、领导冠县起义的义和团首领赵三多。

义和团与白莲教

如同历史上那些此起彼伏的民变，景廷宾的起义也只是清末时代大潮中的一朵小浪花，没过多久就被清军镇压，赵三多与景廷宾先后被俘身死。但这场起义的旗号却给人们传递了重要信息，无论在当时还是后世都不乏这样的认知：义和团原本是“反清复明”的，“扶清灭洋”不过是权宜之计，如今打出“扫清灭洋”的旗帜正是恢复原来的宗旨，好像义和团从一开始就是反朝廷的组织。当然，造成这种认知，除景廷宾起义之外，影响更大的恐怕还是晚清官员、京师大学堂的总监督劳乃宣在《义和拳教门源流考》中所载：“按义和拳一门，乃白莲教之支流，其教以练习拳棒为由，托言神灵附体……其为邪教，形迹显然。”

按照劳乃宣的说法，义和团成了白莲教分支，而白莲教又是老牌“反清”组织，结合景廷宾起义时“扫清灭洋”的旗号，一切似乎都能对号入座。只是历史一旦被总结，就会出现偏差甚至扭曲，庚子年前后那场搅动国际风云的义和团运动的起源究竟在何时何地，又岂能用对号入座的方法来定论？

先说知名度极高的白莲教，这恐怕是中国历史上生命力最强、传教时间最长、影响最深的民间秘密教派之一。白莲教信奉弥勒，称弥勒佛下生即可“丰安乐稳”，其建教历史有说起源于唐，也有说起源于宋，总之源远流长。但与佛、道等宗教不同，白莲教总是朝廷镇压的对象。从元代开始，白莲教首领韩山童起兵反元，他自称宋室之后，宣扬“天下大乱，弥勒下生”，河南以及江淮地区老百姓被这套理论煽惑，纷纷响应。可等到推翻蒙元，建立明朝后，白莲教依旧没有“转正”，明朝时又发生白莲教起义，成为明代官府所围剿镇压的对象。明清易代后，白莲教还在造朝廷的反，但与元、明时白莲教首领假宋室之名不同，这次打起了“反清复明”的大旗。从数百年的历史来看，白莲教似乎是个天生的反政府组织，无论如何改朝换代，他们都不改老本行，一直在造反的路上。

说义和团源于白莲教的依据在哪里？关键还出在“义和”二字。追溯到嘉庆十八年（1813年）的天理教之乱，当时参与平定这场暴乱的功臣那彦成在奏章中提到“义和门”，并说是“离卦教之子孙徒党”。离卦教属八卦教，而天理教又是嘉庆年间直隶、山东、河南的八卦教（九宫教）、荣华会、白阳教、红阳教、青阳教等教派的部分教徒逐步联合统一而成，这些民间宗教或多或少都与白莲教有渊源，无论组织结构或源流，都可视为白莲教之分支。但是，同在嘉庆年间，对于“义和门（拳）”的叙述却有截然相反的记载，时人沈宝麟在叙述天理教起义事件时说，天理教徒起事时声势浩大，直隶、山东、河南交界多县皆沦陷，只有金乡知县吴堦得到义和拳义士们援助，保住了城池。从这个记载来看，义和拳又成了帮助朝廷抵御天理教教徒的义民了。

实际上那彦成与沈宝麟对“义和门（拳）”矛盾的记载还在其次，关键在于没有任何直接证据表明，嘉庆年间出现的“义和门（拳）”与光绪年间的“义和团（拳）”有直接的源流关系。在中国历史上，同名异事、异物的现象太多，就拿最浅显易懂的国号来说，刘裕与赵匡胤都以“宋”为国号，但两者完全没有传承关系。当然，除了嘉庆时期的这块历史碎片，让人将晚清义和团与白莲教联系起来还在于前者的几个特点：其一是降神附体；其二是吃符念咒；其三是自称刀枪不入。这些看起来装神弄鬼的形式的确与那些宣称画符咒能行走如飞，或是自称是弥勒降生的白莲教首领有相似之处。然而仔细对比光绪年间的义和团与白莲教，就会发现两者性质截然不同。

首先是信仰不同，白莲教野蛮顽强生长数百年，但对弥勒的信仰始终没有变。而义和团则没有任何对弥勒的信仰。后期义和团降神附体大行其道之时，如关公、诸葛亮、周仓、孙悟空、西楚霸王、姜太公、杨戬、九天玄女等漫天神佛请了个遍，信奉或降身神灵多不胜数，唯独找不出“弥勒佛”三个字。义和团的拳民信奉的人物基本从神怪武侠小说中寻找，而白莲教并无此信仰，这是义和团与白莲教、八卦教在信仰上的根本不同。其次是两者组织形态不同，作为反朝廷专业户的白莲教，历来是秘密结社，而义和拳最初则是以村、镇为单位，乡民结合的公开团体。最后是二者宗旨不同，白莲教向来是具有政治野心的组织，而义和拳最初的形态则是相互独立、彼此互不隶属的松散团体，既不称王建号，也不封官赐爵，只有大师兄、二师兄之别。即便是从表面上看起来最相似的降神附体，二者也截然不同，义和拳前期并无降神附体等形式，到了后期所谓的“神术”也大多是刀枪不入，基本很难找到白莲教那种呼风唤雨、撒豆成兵的传统巫术。

从各方面考查，把义和团之源流归于白莲教都没有立得住脚的证据，劳乃宣见嘉庆年间的“义和拳”之名与光绪年间义和团名称雷同，便说后者源于前者，当属乌龙，只因义和团后期形式复杂化，以至劳氏之说流传甚广。

风起于青苹之末

要溯源光绪时期的义和团运动，还得从最具特色的“扶清灭洋”这面大旗入手，这个口号与洋人传教士有关。第二次鸦片战争后，清廷被迫签订《北京条约》，其中包括允许外国传教士进入中国内陆地区进行传教。实际上在此之前，已有不在少数的外国传教士非法进入中国传教，在山东，至少1839年就有了牧师。19世纪60年代后，传教合法化使得山东传教士与教民人数逐年剧增，与之相随的是大量兴建教堂。建教堂就得征用土地，矛盾就不可避免。而义和团运动，就是在山东冠县梨园屯的一场长达二十年的民教冲突中萌发。

晚清时期的山东冠县共有24个村（当时官府统计称18村，实则有24村），情况比较特殊，虽然若干村行政上归山东省东昌府冠县辖制，但它既不与冠县相连，也不在山东省境内，而是孤悬于直隶境中，距冠县县城140多里，是一块不折不扣的“飞地”，山东官府在这里的统治极其薄弱，也就让盗匪、拳会、民间宗教、天主教获得了一块生存发展的理想场所。梨园屯就是其中之一，有300户人家，是个规模相当于镇的大村。第二次鸦片战争刚结束的1861年，就有第一批传教士进入冠县，他们迅速传教，兴建教堂，短短十余年间，冠县24村中有11个村庄都建起教堂，像梨园屯这样的大村，入教的村民更是多达20余户。

这些传教士无论真实目的如何，到达一个陌生地方后，首先得解决住房问题。此时，抵达梨园屯的外来传教人士越来越多，住处必须得解决，他们物色土地，最终盯上了屯子中心的一间玉皇庙，打算将这座没有人居住的玉皇庙拆掉，兴建一座教堂以供传教士居住。

玉皇庙虽然空着，但并非无主。这座庙宇建于康熙年间，当时一位叫李成龙的富人捐出一块41亩左右的地，其中3亩多用于兴建义学和旁边的玉皇庙，而另外38亩耕地则属于“学田”，也就是说这座玉皇庙属于梨园屯的公产。

不过因常年兵火灾伤，义学早已荒废，庄民也无力兴修，但要拆要建，还是得取得大家同意。为解决这个问题，梨园屯的教民想了个主意，他们向乡绅提出，既然义学已废，不如索性将学地和庙基由村民均分，而后村民分得学地，教民则自愿取得看起来没什么甜头的庙基，经过如此一番操作后，教民又自愿将庙基3亩多地捐给法国传教士梁司铎，玉皇庙便很快被拆除，取而代之的是一座10余间的崭新小教堂。村民们这才恍然大悟，这些教民不要良田而选庙基，原来是要献给洋大人。出于朴素的乡土情感和传统神灵敬畏——毕竟玉皇大帝在民间信仰中地位最高——拆玉皇庙建立洋教堂，的确让大多数村民无法接受，何况以这种方法拆建让他们感觉上当受骗了。于是村民提起诉讼，漫长的庙地争夺战由此展开，这是同治八年(1869年)的事。

“十八魁”横空出世

庙地之事引发村民与教民、传教士之间的尖锐矛盾，为此当地士绅代表6人上告县衙，诉讼理由简单明了，即梨园屯那些教民没有资格将庙基献给洋人。官老爷接到此事自然头疼，一方面，教民能不能将自己的地献给传教士，无法可依，故对此案不置可否。另一方面，此事涉及外国传教士，情况又很特殊，官府索性回避，不作为，以至于此案屡结屡翻，持续十余年。

有一次教民又唆使教会向县衙提出，要惩罚那些上告者，把为首的“六先生”统统捉拿。这样欺人太甚的做法，县衙本来也不打算理会，然而梨园屯那些教民为了警告村民，到处说官府很快要来抓人，结果险些酿成大规模械斗，直接惊动官府，从山东巡抚衙门一直到冠县县衙，都出动人员来梨园屯进行调解。梨园屯的村民毕竟都是良民，官府出面斡旋后，事件很快无血平息。表面上看，“六先生”离开梨园屯，不再上告，一切都告一段落。

但教民与村民的矛盾并未真正解决，在常年与教会、教民的斗争中，出现了一批表现积极的年轻人，其中包括后来义和团运动的首领之一阎书勤（人称“大刀阎书勤”）。以阎书勤为首的这些年轻人被称为“十八魁”，按照东昌知府洪用舟的说法：“十八魁之名系因当日十八村习拳，故有十八魁之名，其实仅有数人，并非有罪魁十八名。”他们成了梨园屯反教斗争中的新生力量。

事起于光绪十三年（1887年）四月，方济各会教士福若瑟带来砖瓦，打算在原有的旧教堂地基上拆修，盖一座新的西式正规教堂，但盖新教堂难免就要扩充地基，在矛盾本就尖锐的梨园屯，哪怕多占一坪，都会引起村民的愤怒和对抗情绪。村民果然很快针对教堂展开行动，当时房屋已动工数日，梨园屯的刘长安、左建勋、阎立业等人忽然率领数百人持械杀出，将建堂木料、砖瓦等物抢走，福若瑟和教民们当场就被吓跑了。村民们则拆了建设中的教堂，不久后在原地盖起了一座新庙。

梨园教堂的事再次闹到官府，这次冲突后，双方更不客气，监生刘长安等人联名上告，教民一方则以王谦（有多处记载为“王三歪”，应是绰号）带领状告村民，双方针锋相对，教民更是唆使教会向官府施压，案子屡结屡翻，官司一直持续到光绪十七年（1891年）十二月，最终官府还是偏向教民一方，东昌府知府下令将庙宇还给教民改建教堂，但又恐民心不服，由冠县知县捐银另购新地建盖新庙。原以为这一折中方案可以平息此事，没想到第二年准备拆玉皇庙修建教堂时，教民担心村民又来阻扰，便恶人先告状，说“十八魁”等人阻工队图谋不轨，请官府羁押，这无疑火上浇油，群情激愤的村民遂前往教堂，教民见村民势大，关闭庙门并放洋枪对其恐吓，结果令村民更加愤怒，直接搬来武器与教民对抗，双方发生械斗，是为梨园屯民教矛盾使用武力之始。这次械斗直接引来了官府，朝廷派兵剿灭弹压，并拆毁了玉皇庙。随后东昌知府干脆下了一道各打五十大板的命令，这3亩多地上既然不让建教堂，也不许修玉皇庙，就让它空着吧。

赵三多亮拳梨园屯

官府这纸“和稀泥”的公文治标不治本，自光绪十三年（1887年）以来，民教矛盾愈演愈烈，鲁西北、直隶地区的抗教运动此起彼伏。梨园屯长达二十余年的玉皇庙之争虽然因官府介入告一段落，但随着传教士增多，教民势力越来越大。正所谓老百姓怕官，官怕洋人，洋人怕什么呢？当然是老百姓。带领村民抗教的“十八魁”明白单靠自身实力无法与教会势力抗衡，他们需要援手，最终决定以拜师的方式，向名震武林的梅花拳传人赵三多求援。

武林高手赵三多并非冠县人士，而是直隶威县人，他在直鲁两省交界地区各村镇广设拳场，收徒先后达两千余人，名望颇高。不少人受义和团后来所谓的刀枪不入、降神附体等“神术”影响，认为门徒遍布山东、直隶的赵三多是一个张角式的教主，此乃大误会。梅花拳是直鲁地区最为活跃的武术门派之一，因最初在梅花桩上修炼而得名（又一说是在梅花盛开时节亮拳而得名）。它与白莲教等秘密宗教不同，梅花拳一没有“反清复明”的政治宗旨，二没有“降神附体”的封建迷信，甚至不是大刀会那样收取“香火费”（保护费）为当地打击盗匪的保险队。

梅花拳强调练武强身，有严格的“自卫”传统，学拳之人大多也是朴实的乡团成员或村民。当时直鲁地区习武练拳往往以村为单位团体，故后来有“冠县十八团”之名。有意思的是，为了对抗洋教的“十八魁”既没投白莲教，也没找大刀会，反而将希望投在最人畜无害的梅花拳上，大概也是因为赵三多人格魅力所致。对于梨园屯二十余年的民教冲突以及“十八魁”的遭遇，赵三多应是早有耳闻，并且深感同情。但拜师一事他却十分为难，原因很简单，一旦同意收徒，就意味着梨园屯教案必然与梅花拳师门扯上关系，弟子受辱，师父自然是要出面解决的。

思虑再三加上弟子劝说，赵三多最终做出支持“十八魁”的决定，这很可能也是受当时大环境的影响。从“十八魁”离开梨园屯拜师赵三多这几年中，对亚洲局势影响深远的中日甲午战争爆发，战火波及山东半岛，清廷抽调大量兵力到前线作战，直鲁后方防守空虚，加上甲午战败后清廷割地赔款，山东又成直接承担者，以至于饥民遍地、盗匪四起，而普通民众出于最朴素的乡土观念，对于洋人、洋教的排斥心理越来越强，民教互仇现象愈演愈烈。当赵三多决定收徒，并涉足梨园屯事件之时，他的梅花拳师门也逐渐成为一个反教团体。

光绪二十三年三月二十六日（1897年4月27日），上千名梅花拳弟子在“十八魁”带领下重返梨园屯，此次归来，人狠话不多，二十多年的恶气一并出，他们直接冲击教堂，见人就打。梅花拳人多势众，冲突中当场打死教民一人，其余人作鸟兽散，随后拳民对屯中教民家进行洗劫，二十多户教民全部被赶出梨园屯。随后“十八魁”又带领人们拆毁正在修建的教堂，夺回地基。

事情惊动官府，时任山东巡抚的李秉衡要冠县县衙认真处理此事。县衙依旧是“和稀泥”的老派作风，索性发布告示，说地基收归国有，打算兴建一所小学，至于教堂，县衙会出钱另购一块地来兴建。这告示一出，等于告诉大家，你们别争了，土地现在归县衙所有。但那块地还真闲不下来，即使所有权变了，“十八魁”与梨园屯村民心中总是憋着一口气，最终县衙也顶不住他们的压力，又默许在地基上修建了玉皇庙。这一次庙宇修建得很快，因为它是梨园屯二十余年斗争的胜利象征，竣工那日，梨园屯村民举行了盛大庆典，庆祝斗争的胜利。

生于瓜分浪潮的“义和拳”

若事情到此为止，梨园屯事件倒也不失为武林宗师赵三多在江湖中的一段传奇，然而山东巨野县发生的一起教案却彻底改变了赵三多与梅花拳师门的命运。

1897年11月1日，两名德国传教士在巨野磨盘张庄被杀，这起教案发生地磨盘张庄与梨园屯的情况类似，民教互仇的现象十分严重，尽管官府通告中有意淡化民教冲突，把该事件以歹徒谋财害命来定案，但并无多少人相信。更要命的是巨野教案直接引发国际事件——1897年11月13日，即教案发生后的第12天，德国终于等来了求之不得的借口，派多艘军舰直抵胶州湾，迫使清政府在次年3月签订了丧权辱国的中德《胶澳租界条约》。惩办了山东巡抚李秉衡、兖沂曹济道锡良、曹州镇台万德力、巨野知县许廷瑞等近十名地方官；赔银20万两，并在巨野、济宁、曹州等地建造教堂及传教士防护住所。从此将山东半岛变成德国的势力范围，并且为英、日等其他列强提供了借租借地的先例。

这场政治地震让整个华北官场风声鹤唳，清廷做出指示，地方官府要避免与洋人发生冲突，以免酿成教案。意思是宁可委屈一下老百姓，也不要得罪洋人，以免搞出第二起巨野教案。此令一下，冠县县衙翻脸比翻书还快，对原本睁只眼闭只眼的梨园屯庙宇下起狠手，直接强制拆毁玉皇庙，随后宣布地基为教民所有，并拨付400两重建教堂。对于“十八魁”等抗教代表，官府则直接以乱党论处，通缉缉拿。

赵三多的梅花拳师门终于不可避免地卷入这场时代大风暴。他知道，一旦被朝廷定性为乱党，对于梅花拳无疑是灭顶之灾。一向强调“自卫”的梅花拳首领们召开紧急会议，商议出路。实际上赵三多此刻也是开弓没有回头箭，国际形势与朝廷风向的转变猝不及防，即使他们自首，那些教民同样会对他们展开疯狂报复，与其束手待毙，不如抗争到底。最终商议的结果是，其他首领不反对赵三多继续斗争，但不允许他再继续使用梅花拳之名。

梅花拳首领会议后不久，赵三多的队伍打起了新的旗帜——义和拳。“利者，义之和也。”义薄云天，彼此和睦，这是一个充满中国传统文化色彩的名号。清末义和拳之源流自梨园屯教案而起，它既非秘密结社的白莲教，也非以武谋生的大刀会，而是与最纯粹的以乡团成员为主的武术团体梅花拳有直接渊源。在义和拳的大旗立起来后，赵三多当然需要扩大组织，故而也免不了有白莲教、大刀会成员加入，义和拳成分也逐渐复杂起来。

赵三多的抗争十分慎重，没有明确打出“反清”旗帜。不过此时他们的举动已经引起官府注意，新上任的山东巡抚张汝梅对新起的义和拳迅速进行调查研究，并于光绪二十四年五月十二日（1898年6月30日）写了一封很长的奏折，内容包括义和拳源流、宗旨及本人的应对办法等。正是在这份奏折中，第一次出现了“义和团”之名。奏折中提及义和团源流，认为其起于“直隶、山东交界各州县，人民多习拳勇，创立乡团，名曰义和”，又说这些习武者“实则立于咸、同年间未有教堂以前，原为保卫身家，防御盗贼起见”。相比劳乃宣对义和团的研究，张汝梅这份第一时间的调查报告更为准确。也正是由于张汝梅知道赵三多和他带的拳民们大多不是作奸犯科之徒，便指派东昌知府洪用舟甚至亲自来给赵三多做工作，劝他解散队伍，不要闹事，并承诺只要赵三多平息此事，官府定会对其加以表彰。

平心而论，赵三多本就不是张角式的野心家，最初帮助“十八魁”也不过是受心中热血与正义感所驱使，又岂能料到国际形势风云突变，列强兴起瓜分浪潮，朝廷对外妥协、对内镇压，他又何尝不是一步步被逼到这境地。对于洪用舟的规劝，赵三多陷入矛盾，不知如何是好，可令他没想到的是，义和拳在扩招后早已不是纯粹的梅花拳师门。一方面“十八魁”等人在经过多年抗争后越发激进，另一方面队伍里也出现了以姚洛奇（又作姚文起）为首的一干真正的“反清分子”。这两股力量结合，使得赵三多对义和拳失控。

“扶清灭洋”的本质

姚洛奇等人一心将义和拳往“反清复明”的路子上带，当官府出面劝说赵三多时，他们担心赵三多学宋江，竟伙同“十八魁”于光绪二十四年八月（1898年10月）绑架了赵三多的家人，据说激进分子还烧了老赵家房子，就是为了逼迫他不解散义和拳，并且要他亮旗起事。可“反清复明”是十恶不赦、株连亲族的大罪，赵三多无论如何也不想踏上这条“不归路”，但面对姚洛奇等人的逼迫又必须有所表现，绝境中的他从当时反教运动中一些著名口号中找到出路——这些人的核心都是不反朝廷，只反洋人。赵三多卷入梨园屯教案本身也是因洋人而起，口号都是现成的。

1898年10月3日，赵三多在冠县蒋庄马场亮旗起事，当天一位法国传教士赵席珍正好路过，在他记录中说，赵三多在起事当天特意向成员宣布宗旨是“但戮洋人，非叛国家”，这一宗旨后来演化为义和拳最为著名的四字口号——扶清灭洋。

尽管赵三多已极力避免与清廷的冲突，但清廷此时还没有接受“帮扶”的意思，在他们眼里，聚众闹事就是反贼，山东甚至发电给直隶，要求两省联合围剿。与此同时，山东官员开始对赵三多做思想工作。之后双方没有发生激烈的战斗，十几天后冠县的义和拳起义便悄然平息了。关于义和拳首领赵三多的选择主要有两种记载，其一是说赵三多继续率拳民与清兵作战，最后战败突围而走。其二是说赵三多当众向他的弟子们下跪，劝说他们解散回家。而当弟子们各自散去后，赵三多既没有去官府要表彰，也没有劝说姚洛奇等人停止斗争，而是暂时隐于江湖之中。可以确定的是，这次起义的结果——梅花拳师门弟子大多散去，只有姚洛奇等铁杆反清人士继续与清廷抗争，不久后被俘杀害。

冠县起义被视为义和团运动之开端，“扶清灭洋”的旗帜成了义和团最著名的标签之一。这里的义和拳也与国人普遍认知中的不同，它没有降神附体，没有刀枪不入，更没有拳民吞符念咒、口吐白沫的形态，他们更多的是普通的农民。从梨园屯教案到冠县起义“扶清灭洋”，实质上是一个为保卫家园而战的故事。当时的村民们很难具备士大夫那样心怀民族、家国而与侵略者斗争的觉悟，但淳朴的乡土观念却不分阶级，深入人心，促使他们并肩战斗。而促成这一系列事件的还有个重要角色——教民。

传教士进入中国国内后，教民数量逐年剧增，在晚清“百姓怕官府，官府怕洋人”的大环境下，传教士受“领事裁判权”的保护，也容易成为不法分子的“保护伞”。所谓教民并非全是信仰虔诚的善男信女，他们中充斥着大量地痞流氓、无赖恶棍，这群人狐假虎威，借洋人之力施压于官府进而欺压百姓，是晚清民教互仇情绪的主要催化剂。此外，传教士无论是真心传道者，还是借列强之力巧取豪夺者，他们是在清政府与列强签订不平等条约后得以进入内地传教，是列强瓜分中国、殖民主义浪潮下的产物，有淳朴乡土观念的中国人情感上自然难以接受。从这个角度来看，高举“扶清灭洋”旗帜的冠县义和拳起义的确有充分的正义性与抗暴精神。

冠县起义持续时间仅10余天，规模也很有限，但影响深远，在不久的将来，它将会成为直鲁大地上反教抗暴的一面旗帜。就在冠县起义旋起旋灭之际，山东黄河沿岸30余县正经历着一场巨大洪灾，洪水过处，家毁人亡、饿殍遍野。而因洪灾产生的大批的流民中形成了大大小小的帮派组织，还有种神秘的“神拳”在灾民中广为流传，相传修炼“神拳”者，经过一系列的仪式便能召唤神仙附在自己身上，被附身者口吐白沫继而获得神力，叫作“降神附体”。此时已藏身江湖的赵三多一定想不到，不久后这种“神拳”将会与他的义和拳合而为一，“扶清灭洋”的大旗将再次被举起，搅动整个大清国的悲怆时局。

（文 / 周渝）

义和团的“神化”与进京之路

光绪二十四年（1898年）秋，北京城风声鹤唳、一片肃杀，此前一度沸沸扬扬的变法已成朝廷大忌，皇帝被囚，太后临朝，官兵四处搜捕“变法分子”。9月28日，谭嗣同、康广仁、林旭、杨深秀、杨锐、刘光第（并称“戊戌六君子”）被推往北京菜市口处斩。六君子从被捕到被杀非常迅速，不审问、不调查，直接处斩。不久后一个谣言开始在京城流传，说光绪帝已被害死，凶手正是狼子野心的洋人！京城内笼罩在一片仇洋排外的气氛中。10月初，美国公使夫人萨拉·康戈尔发现，北京城开始出现袭击外国人的情况，有民众向洋人扔石块，大骂他们“该死的洋鬼子！”这种排外情绪直接影响到北京城内驻防的清军，当遭受攻击的洋人向巡逻的清兵寻求帮助时，遭到拒绝，理由是“因为你们是洋人”。不久后，一支手持洋枪的外国部队进驻北京使馆区附近，他们的理由同样简单——“保护使馆”。

此时，生活在几百里之外的山东、直隶百姓们对于变法毫无感觉，至于光绪帝被洋人毒死的谣言也没有这么快传到这里。但与日俱增的仇洋排外气氛丝毫不比北京城弱。早在半年前（1898年4月27日），直隶大名府四壁就被人贴满檄文告示，文曰：“各省爱国志士，睹西人无法无天之行为，已决于四月十五日集合，屠戮西人，焚毁其居。其不与我同心一致者，男盗女娼。阅此告示，而不为传播者，亦如之，完了。”

这篇带着类似“不转不是中国人”威胁的告示内容太过激进，很快惊动了官府，也未酿成大事件。仇洋排外情绪在直鲁大地蔓延。以帮助梨园屯村民反教维权而闻名的赵三多打出“义和拳”旗号，成员迅速发展。10月3日，在洋人以“保护使馆”为由派出军队进驻北京的同时，赵三多在山东、直隶交界处的冠县蒋庄扯起“扶清灭洋”大旗，正式起事。虽然冠县起义前后仅仅持续十余天，但义和拳保玉皇庙拆教堂的事迹早已广为流传。恰逢当时山东遭受大洪水，数以万计的家庭流离失所，处处是哀鸿遍地的饥民，在这些颠沛的人群中，有一个颇有威望的人接过了赵三多“扶清灭洋”的大旗，并将“义和拳”升级为“神助义和拳”，最终让义和团席卷整个华北平原。这个人叫朱红灯。

“神拳”缘何起于山东？

义和团无疑是一次地区性运动，其运动影响范围主要在华北平原，其中山东西北部与直隶交界处是义和团运动的发源地。晚清时期，华北平原土地平坦、人口稠密，是中国最重要的粮食产区之一。然而一旦出现旱灾、蝗灾等自然灾害，对于该地区的人民便产生致命影响，农民变为流民、沦为乞丐，或是占山为王、打家劫舍、化身盗匪。

山东半岛虽然天灾相对稀少，但社会两极分化严重，义和团运动的中心鲁西北平原地区，人口九成以上为农民，虽是山东最纯粹的农业区，却丝毫没有繁荣景象。19世纪中叶，黄河改道北移，沿着大清河旧河床穿过鲁西，当时忙着与太平军作战的清政府对此无暇顾及，也没有修固堤坝保护村庄，这一变化使得该地区极易遭受天灾，粮食平均产量在全省最低。农业“靠天吃饭”，偏偏又遭遇兵祸。19世纪60年代，捻军进入山东，自南而北，于1868年北移至鲁西北，清廷派兵围剿，战争给该地区造成极大破坏。从天灾到兵祸，使得晚清时的鲁西北地区分布着无数贫困的村庄。

这样的自然与社会环境不仅容易滋生流民、盗匪，而且也以异端与暴乱著称。18世纪中叶，一位巡抚评价该地区“东省恶习，立教惑众，积渐已久”。除立教之外，鲁西尚武之风亦历史悠久，武术团体普遍存在。武术团体与秘密宗教结合，最典型的就是白莲教。严格来说白莲教不是武术团体，但教中的文、武场并存于一个教派中，组成人员也与习武的武师重合。此外还有以武谋生的团体。甲午战争后，山东防御力量空虚，加上作为《马关条约》赔款支付大省之一，导致民间负担加重，盗匪四起，于是催生了大刀会这种收取“保护费”担负一方防盗匪任务的团体。更多的则是纯粹的武术团体，公开以村、镇为单位，光绪时期称为“保甲团练”或“保甲义和团练”，以练武强身自卫为主，不带有秘密宗教色彩。

冠县起义中的义和拳（梅花拳派）属于最后一种，既无秘密宗教色彩，也没有降神附体这类迷信仪式，只有“亮拳”记载。

但早在冠县起义之前，山东就流行着一些以“神力”结合武术的形式，亦称“神拳”。这种“神拳”之所以在19世纪90年代初开始在山东迅速蔓延，主要原因有三，其一是甲午战争后，前线归来的士兵们相传洋枪之厉害，导致民众普遍对洋枪多为忌惮。其二，当时教会势力大量渗透山东，而传教士、教民等也在宣传“神”，在当时大众认知中，洋人的洋枪也是一种“神力”。其三，直鲁地区民教冲突不断，排外情绪高涨，鉴于对洋枪这一“神力”的忌惮，故而也创造出能够借助本土神力的“神拳”以对抗，修炼者“自诩得有神助，能避炮火”。

即使排外情绪高涨与“神拳”流行在山东已持续数年，基本还是以无组织的松散形式存在。纵观中国数千年历史上的那些大规模民变，如果不是真的吃不饱饭，再是什么神什么鬼，绝大多数老百姓也不会真的跟着造反闹事。所以尽管“神拳”已经很流行，但绝不至于酿成大变大乱。然而19世纪末的一场大洪水让“神拳”有如神助，遍地开花，“不到三月遍地红”。

“扶清灭洋”大旗重现

19世纪90年代的山东可谓多灾多难，首先是甲午战争造成的影响，兵力调动造成大量军事真空地带，继而盗匪四起，并催生“大刀会”一类组织。其次是清政府签订不平等条约后，洋货大量流入中国市场，进口布匹、棉纱大幅度提升，对产棉和棉纺手工业为主的鲁西地区造成冲击，大量农户破产。最后也是最致命的一点，天灾频繁。从1895年至1898年，连年河决，甚至一年数报。《光绪东华续录》记载当时山东洪灾惨况：每当黄河决口之时，“水高数十丈，壁立而行，瞬息千里，田园村舍，当之者立变泽国，浮尸蔽水，顺流而下……”

大灾之后，民情浮动，此前就已流行的“神拳”也在灾民中迅速传播，各地都有设场练拳，成立了大大小小的“神拳”组织。而这些人中，有一身材矮小、被人称为“小朱子”的人名望颇高，他就是朱红灯。朱红灯原名朱逢明，山东泗水县柘沟镇人，他也是1898年那场大洪水的受害者。为了避水灾，朱红灯跟随灾民逃荒到长清县大李庄（今德州齐河县大李庄），并加入了当地的“神拳”组织。相比其他拳民，朱红灯有个特殊技能，他懂医术，还不收费，历来医者在灾民中是非常受欢迎的。到了1899年初，朱红灯已经是长清县地区“神拳”组织的一个大头领，具有相当的号召力。

前文说过，当时山东“神拳”组织众多，将武术与神力结合以对抗洋人的“神”。但大灾之下，大家最关心的是如何吃饱肚子，这个问题靠练习“神拳”可解决不了。大批流民没有吃没有穿怎么办？他们只能去抢！这些食不果腹的灾民们心中都有怨气，必须有个发泄对象。历史上饥荒酿成的民变，无非也是抢钱、抢粮、抢地盘，被抢的对象主要两类，其一是抢官府，造朝廷的反，成功了就建国开元，失败了会有杀头大罪并殃及亲族，这对朱红灯等人来说风险太大。其二是打家劫舍，这就低端多了，而且这大灾之年，大家都没吃的，又能劫谁呢？看来都行不通。不过在这个时代，朱红灯还是找到了新的目标——人人喊打的洋教！

当时的中国农村，洋教何以如此拉仇恨？首先是列强侵略中国，殖民主义大行其道的背景下，传教士在普通农民眼中是侵略者“洋鬼子”的代表，而甲午战争之后，一些教会干涉中国内政、践踏主权的情况更为严重，比方说，1895年，德州天主教主教安治泰迫使清政府赏给他二品顶戴，取得和督抚相抗衡的政治地位，并公然要求山东各级地方官听从教会指令而为所欲为。其次，中国人虽薄于宗教，但天主教、基督教的教义与中国传统敬天法祖观念格格不入，由于习俗的不同和对西方教会缺乏了解，再加上对列强侵略的愤恨，常常将一切坏事都归罪于教会，甚至对教会的宗教活动及其慈善事业也有所误解而导致流言四起，以讹传讹。再次，部分传教士本身目的不单纯，入教者更是成分复杂，而教堂又往往来者不拒、照单全收，不少地痞流氓混入教会后狐假虎威、欺压百姓，这个群体极大激化民教互仇矛盾。最后，每当教案一起，教会往往只听教民一面之词而出面向官府施压，而官府在处理民教矛盾时，多是抱定“宁可百姓吃亏，以此了事，而全大局”的作风，就像梨园屯教案那样，最终偏袒教方，强拆玉皇庙，无疑让百姓对洋教更加仇视。反洋教是半殖民地社会的特殊产物，其间既有中西文化习俗和信仰的冲突，也有侵略与反侵略的较量，而后者是更为本质性的。

总之洋人洋教为百姓所痛恨切齿，朱红灯看准这一点，决定把洗劫目标锁定为洋教。1899年2月，朱红灯率领部分拳民转移到茌平县活动，接下来开始宣传“神功护体”，开坛设场后，以鸟铳来当场演示，实际上就是玩了魔术障眼法，制造出刀枪不入的效果，使民众相信只要练习“神拳”就能神功护体，不怕洋人的“鬼枪”。神话在民间传得很快，而且越传越神，最后甚至说练了“神拳”连大炮都不怕。前来拜师学拳的人越来越多。

队伍壮大了，朱红灯开始反教动员。他首先将近年来天灾全推给洋教，说成是“洋妖”来咱们土地上作祟才导致如此多的人遭逢天灾、流离失所。不过既然要与洋教斗法，就得扯起旗帜，名正言顺。虽然朱红灯反教的目的（为了生存）与赵三多的目的（为了维权）截然不同，但中心思想走到了一起，那就是只反洋教，不反朝廷。此时赵三多的队伍虽然已经散了，但冠县起义已声名远播，尤其是“扶清灭洋”这面大旗太好用了，朱红灯索性接过来，用以号召众人。至于“神拳”的名字也不用再去想了，直接“拿来主义”，就“义和拳”吧。

不到三月遍地红

需要说明的是，朱红灯“义和拳”绝非赵三多“义和拳”之翻版。在冠县起义之前，“神拳”就已存在并且具有自己一整套仪式，尤其是降神附体，反洋教之前就已在长清、茌平一带活动。冠县义和团莫说降神附体，就连刀枪不入这样的仪式也不曾有过。不过在1899年前后，正值列强瓜分中国狂潮，民间排外情绪高涨，冠县义和拳起事后声名远播，崛起于此时的“神拳”直接借用了这一名称。但二者的确又关系紧密，后来义和拳大起，进京张贴告示中有“神明震怒之原因，系玉皇庙之被毁”，而当时关于玉皇庙被毁记录仅有冠县梨园屯一例，至少说明在神拳派拳民心中，冠县起义的确是义和团运动之源。

赵三多的义和拳虽也因民教矛盾而起，但始终围绕着梨园屯玉皇庙争夺展开。朱红灯就不一样了，他们大多是吃不饱的灾民，所以进行了反教宣传和动员之后，将剑锋直指教堂，在反教过程中进行抢劫。从1899年4月开始，朱红灯带领展开了一系列反教作战，拳民们先后焚烧了梁庄、王相庄、马沙窝、八里庄、业官屯、姚张庄等地教堂。在这过程中，茌平、高唐、禹城、平原等地义和拳首领如心诚和尚(又号“本明和尚”)、徐福和、王立言、刘太清、于清水等人皆与朱红灯结识，他们彼此联络、互相声援。而这些首领也多不是“凡人”，例如心诚和尚，出身少林，运起少林硬气功时，的确看起来“刀枪不入”，又被称为“铜头和尚”。这些硬气功加上神化，义和拳便传得越来越神。三个月内，全县860余庄中习拳者多达800余处，几乎庄庄皆拳民。正是“义和团，起山东，不到三月遍地红”。此时的“遍地红”又有一个“助燃剂”，那就是从1898年冬季开始持续到1900年殃及华北大部分地区的干旱，大量村庄陷入饥饿状态，无事可干的年轻劳动力心烦意乱，而跟着义和团有饭吃——粮食要么是从教民手中抢的，要么是寻求保护的大户被迫捐赠。

义和团兴起后，朱红灯仍然极力避免与清政府冲突，只将目标指向洋人。义和团的降神仪式非常具有包容性，如孙悟空、猪八戒、二郎神、关羽、周仓、姜太公等话本小说中的人物都能请，想请哪路神仙就请哪路，而且只要练“神拳”，无论谁都能请神仙，相比白莲教只有首领能弥勒佛降生，义和拳的神仙可谓十分“民主”了。和太平天国只有杨秀清和萧朝贵“天父”“天兄”下凡不同，义和团的这种“去中心化”发展极为迅猛，但也导致未能产生一个稳定的领导核心。很有意思的是，几乎找不到拳民降神时请水浒英雄的记载，原因很简单，梁山好汉都是造朝廷反的，请他们上身岂不更容易被贴上反贼标签？此外，白莲教信奉的弥勒在义和团的降神仪式中完全不见记载，看来拳民也极力避免和白莲教这个反朝廷专业户扯上关系，并不想刺激官府。

1899年夏季，公开展开反教斗争的朱红灯将义和拳改名“义和团”，有时候还会加上“神助”之类的前缀，义和团在神化中迅猛扩张。与此同时，平原、恩县等地义和团也发展得如火如荼。至1899年9月17日，一起民教冲突引发了一场声势浩大的以平原县杠子李庄为中心的反教斗争。

事件起因还是教民，当地一名有教民身份的地主李金榜与拳民首领李长水发生冲突，撺掇教会向官府告拳民“闹教”。几天后，平原知县蒋楷派人前来逮捕6名义和团成员。当时各地义和团虽互不隶属，但非常团结，经常串联互助。既然教民串通官府欺压，李长水自然就求助于同为义和团的师兄弟们，果然一呼百应。10月9日，高唐、茌平、长清等地义和团民二三百人在朱红灯率领下奔赴平原县杠子李庄。同时平原、恩县义和团团民也聚集了千余人，曹州转来的一部分大刀会会众也闻讯参加。已成为义和团领袖的朱红灯点齐人马，正式树起“天下义和拳，兴清灭洋”旗帜，浩浩荡荡向杠子李庄进军。

剿与抚：山东官府的态度

朱红灯搞出如此大动静，自然很快惊动官府。10月11日，知县蒋楷闻讯后亲自率领勇役数十人前往镇压，结果被声势浩大的拳民打得落荒而逃。经此一役，蒋楷发现并非普通村庄械斗，事态很严重，于是立即电报山东巡抚毓贤，请求派兵前往镇压，随后济南知府卢昌诒、管带亲军营补用知府袁世敦（袁世凯的兄长）和蒋楷皆率军领前来镇压。至18日，朱红灯率2000多拳民在距平原城10里的森罗殿与前来镇压的清军遭遇，双方交战数小时后，朱红灯突围转移。

退回茌平后，朱红灯率领的义和团声势不减，他与心诚和尚等其他首领商议后决定分兵四出，在邻县冲击教堂，展开反教运动。11月15日，朱红灯率团民攻打茌平县大张庄教堂，引起官府警觉，遂派兵前往镇压，经过几日缠斗，朱红灯于11月21日被清军游击马金叙捕获。两天后，心诚和尚也于高唐州杨庄为马金叙捕获。不过清军并没有立刻将朱红灯、心诚和尚二人当作反贼斩立决，而是将他们押往济南关押。毕竟他们都是义和团首领，打着“扶清灭洋”大旗。这两年山东境内“红巾”遍地，声势浩大，但他们又只与洋人为难，不反官府。山东当地官府对于拳民是剿是抚本身也摇摆不定。

“神拳”大起前，山东义和拳主要以冠县为核心，当时的山东巡抚张汝梅对赵三多是以抚为主，在冠县起义后，张汝梅虽佯作包围之势，但仍派新署任冠县知县曹倜前往梨园屯招抚拳民。

这方法也的确奏效，冠县起义10余天就被平息，而各乡的义和拳民则被张汝梅编列保甲团防内。可洪水之后“神拳”大起完全出乎张汝梅的意料，“神拳”接过“义和拳”大旗，各地拳民迅猛发展，山东遍地“红巾”，造成这一景象，清政府自然要指责地方官“剿匪不力”，结果就是张汝梅于1899年3月14日被朝廷撤官。山东已成火药桶，如此局面谁能收拾，慈禧经过多番思量，决定派当年在曹州以善治盗闻名的毓贤前来接手这个烂摊子。

走马上任的毓贤对山东义和团是什么态度呢？从个人情感上说，他对洋人素无好感，也是极度排外的官员。此外，他揣摩慈禧用意，似乎并不想对义和团下狠手，于是初到山东时，毓员对义和团采取放任态度。1899年夏秋两季，义和团发展相当迅猛，从最初只在各村活动到“设坛至遍城内外”，如果没有官府的默许和暗中鼓励，绝不至于如此光明正大。10月与朱红灯的交锋中，拳民已呈尾大不掉之势，越发不受控制。朱红灯等人不听规劝，甚至与官兵发生冲突，结果义和团团民被官兵打死10余人。没想到此事竟令毓贤勃然大怒，他上奏指责蒋楷“昏聩糊涂，几酿大祸”，还指责袁世敦“此次弹压查办，实属孟浪”，认为应该撤掉二人职务。清廷竟然悉如所请，袁世凯的老哥袁世敦也因此丢官，这等于昭告天下打死10多名拳民的官员有责，已被查办。也正是毓贤的鼓励政策使得拳民如干柴遇烈火，迅速烧遍整个山东、直隶地区。

拳民攻击教民和打砸、焚烧教堂的事越来越频繁，即使在朱红灯被捕后，反教运动依然进行得如火如荼，纷纷与传教士为难。传教士们认为毓贤故意袒护拳民，鼓动排外，群请各国公使向清廷提出抗议。清政府迫于压力，于12月3日下旨令毓贤赴京，以工部右侍郎袁世凯署理山东巡抚。12月11日，包括朱红灯六弟在内的拳民又聚在十甲屯韩庄“闹教”，随后将禹城县内17处教堂全部砸毁，造成极大影响。12月24日，毓贤在卸任前终于下达指令，将关押在济南的朱红灯、心诚和尚诛杀。将义和团捧上神坛的拳民领袖朱红灯在庚子年到来的前夕倒下了，而随着袁世凯的到来，一场腥风血雨将席卷齐鲁大地。

杀气腾腾满山东

朱红灯死了，但义和团没有因此瓦解。原因很简单，义和团并不是一个组织严密、纪律严明的团体，而是以松散形式存在，虽然有一个宗旨（扶清灭洋），但各地组织互不隶属，野蛮生长，无统一领袖。这种情况最令官府头疼，因为如果是有序而严密的组织，只要找到组织的头领，或招安或诛杀都能起到瓦解该集团的作用。但义和团却没有一个真正的首领，它有很强的自发性，根植于群众之中，无论是首义领导者赵三多，还是把义和拳“神化”的朱红灯，影响都仅限于自己领导的一股人马，政府根本没办法和其对话谈判。在张汝梅、毓贤的“招抚”政策陆续破产后，带着武卫军右军7000兵马从天津小站开进山东的袁世凯又当如何处理呢？

袁世凯到山东后的第一件事就是邀请一位义和团“大师兄”到府上，他们不是号称神功护体、刀枪不入吗？袁世凯亲自抄起家伙朝这位“大师兄”开了一枪，结果自然是“大师兄”顿时血溅当场，一命呜呼。在给义和团送了个“开门红”之后，袁世凯对所谓的“刀枪不入”算是有底了。第二，袁世凯以巡抚衙门之名义张贴告示，发布《禁止义和拳匪告示》和《严禁拳匪暂行章程》，等于给义和团定性，告诉各级官员，这些人是“拳匪”，不要被他们“扶清灭洋”的口号唬住，请放心进剿。第三，袁世凯又规定各州府必须每天把“拳匪”动态直接上报，并制定考核制度以防地方官不作为。

进行好一切部署后，袁世凯将自己在小站编练的精锐武卫军右军派出，除小部分保护教堂之外，大部分全部用来平息“拳乱”。袁世凯深知，对于义和团这种没有统一领袖的松散组织，你单靠蛮力进剿是不行的，即使一个地区杀得遍地猩红，其他地区依旧方兴未艾，搞不好还激发大规模民变。所以袁世凯第一步不在于杀伐，而是堵截，义和团既然扎根基层群众，那武卫军就下基层，进驻到各村、乡、县，在各地交通要道严格把守，限制人流，这样就隔断了各地区义和团组织的来往，只要他们无法搞串联，就算有再大的本事也闹不出大乱子。接下来，袁世凯举起屠刀，大开杀戒，但凡聚集拳民40人以上的义和团头领，一经抓捕就地正法，斩首示众。一时间山东各地风云突变、人头滚滚，在腥风血雨中迎来了庚子年。

庚子年正月二十（1900年2月19日），朝廷发布上谕，指出义和团“以仇教为名，到处滋扰”，明确要求“禁拳”。这是慈禧在上谕中首次明确提到“义和团”，而她的态度也与袁世凯一致，主张“剿拳”。此时距离袁世凯上任还不足三个月，山东的“拳乱”眼看就要被平息，万万没想到在朝廷中出现了义和团的支持者，他们是以端王载漪，满洲亲贵刚毅、启秀等人为首的端王集团。这个集团与朝廷中汉臣集团对立，戊戌政变后一直处心积虑想要废黜光绪，夺取大权。毓贤去职回京后，将一位义和团“大师兄”推荐给端王，表演了一番“刀枪不入”的神通后，端王拍案叫绝，称赞义和团不仅忠勇爱国而且神通广大，朝廷理应重用。

端王集团与其说是义和团的支持者，倒不如说是打算将义和团当作棋子利用。二者有共同的宗旨——“灭洋”。但义和团的“灭洋”主要是民间民教矛盾和灾害而引发的“仇教”，而端王集团的“灭洋”则是出于政治斗争的需要，他们认为洋人是老佛爷废帝的最大阻碍。山东义和团兴起，归根结底是天灾导致民众吃不饱饭，加上列强侵略刺激、民教矛盾激化、官府不作为等原因，造成基础民众普遍缺乏安全感，于是他们寻求“神力”并找到了发泄打击的目标，爆发浪潮式的群众运动。实质上是基层百姓为了寻求生存的表现形式，尽管其中不可避免地有很多盲目成分。而“扶清”“助清”之类提法背后的含义也不能一概而论，比方说主剿的大臣袁昶就认为：“扶者倾之对，能扶之，即能倾之，其心不可问，其言尤可诛。”而部分拳坛也在揭帖中明说：“杀尽外国人，再与大清闹。”“扶清”只是权宜之计。但当端王集团决定利用义和团时，这场运动就不可避免地卷入朝堂上的政治斗争，而义和团运动之质变也自此而始。

从山东到直隶

纵观义和团运动始末，最初兴起原因有三，其一是列强侵略中国的刺激，民众普遍对“洋鬼子”仇视；其二是一些传教士与教民对百姓的欺凌激化矛盾；其三是山东地区天灾频发，大量灾民流离失所、食不果腹。但对于这种没有统一领导的松散组织，袁世凯以其政治手腕，在不到三个月的时间就让义和团元气大伤。可最后义和团为何能再度大兴？这就涉及最关键的一点——他们卷入朝堂政治斗争，得到清廷的鼓励。

进入庚子年后，义和团在朝廷中最大的推动力量——端王集团不遗余力地对义和团的“灭洋”行动进行渲染，也正是这个春天，拳民如雨后春笋般迅猛发展，但核心已从袁世凯治下的山东转移到直隶。在袁世凯铁血政策下，山东的义和团无法生存，于是大规模迁徙进入直隶境内，这部分人被称为“老团”。此外直隶境内本身也有相当多的义和团组织，与山东“老团”结合后声势大振。最关键的是在朝中野心家的鼓动下，庚子年春季又出现了大批量的新义和团，直隶境内成了“红头巾”的天下，其势一发不可收拾。

直隶义和团的迅猛发展给朝廷造成一个普遍印象——这“拳匪”怎么越剿越多？庙堂之上，以满洲亲贵为主的端王集团（主抚派——载漪和刚毅）与汉臣集团（主剿派——吏部侍郎许景澄、兵部尚书徐用仪、太常寺卿袁昶、军机大臣荣禄）之间党争激烈，甚至改变了最高统治者慈禧的态度。1900年4月12日，慈禧发布一道很有名的上谕，一改此前对义和团的主剿态度，反而称赞拳民为“朝廷赤子”。对于地方官员，慈禧甚至要求他们要“持平办理，只论匪不匪，不问会不会”。这相当于给义和团重新定性，不是非法组织，而是守法良民。在缉拿时除非有确切犯罪实锤，如果只是参加“神拳”组织则不问罪。

当然，对于袁世凯治下的山东，老佛爷的上谕似乎没有发挥作用。袁世凯依旧维持着对义和团的铁血镇压政策，可现在上面风向变了，怎么办呢？袁世凯做法很巧妙，他把“大师兄”们杀了后，再扣个“假义和团”的帽子，说杀的都是反贼伪装的假义和团，所以义和团仍然没法返回发源地山东，只能以直隶为基地，继而要北上进京。直隶总督裕禄并不同情义和团，但他是个著名庸官，况且手中无兵，有镇压的心却无镇压的力。1900年5月中旬，义和团北上过程中在高洛村与前来围堵的清军发生激战，装备齐全的清军中了3000余名义和团拳民的埋伏，死伤惨重，拳民在此次战斗中还阵斩了清朝总兵杨福同。对此，慈禧高度紧张，她召集群臣商讨对策。不久后，“三路兜截”的计划被提出，即朝廷兵分三路将义和团截住，阻止其涌入京城，但慈禧迟迟未作批复。

5月26日，义和团大军抵达高碑店，原本想坐火车北上，但因车站拒绝卖票给他们，拳民一怒之下拆毁了铁路，当时也有阻止清军前来镇压的目的。在“灭洋”形式上，由此前的“仇教”升级为彻底“仇洋”，拳民已不仅仅满足于打砸教堂，而是开始将铁路、电线杆、电报等一系列洋人的玩意儿都划入“灭洋”范畴，要“挑铁路，拔电杆，海中去翻火轮船”了。一系列变故也引起了列强的高度警惕，从4月初开始，公使团就向清廷发出通牒，限令两个月内剿灭义和团，否则他们将派兵“代剿”。天津大沽口外，各国军舰陆续集结，气势汹汹，战事一触即发。5月30日，总理衙门婉拒了洋人出兵“代剿”请求，并表示一定会平息义和团运动。但洋人早已不把清政府的意见当回事，次日就开始从天津租界调兵入京，这也是首批进入北京城的联军部队。

局势千钧一发，一面是义和团如潮水般涌来，一面是洋人步步紧逼，六神无主的慈禧最终还是选择相信“民气可用”，于6月3日发布上谕，取消“三路兜截”行动。从这天开始，朝廷对义和团的防守出现转变，一心想要利用义和团作为筹码的端王集团更是成为义和团进京的最大推动力，在其掌控下担任防守京城的禁旅八旗故意打开缺口，从6月3日起，义和团陆续蜂拥入京，至6月8日，短短5天时间京城已成“红巾”海洋。

1900年的北京，闷热的酷暑难掩庙堂与江湖杀伐之气——杀气腾腾的列强，陷入狂热的拳民。庙堂上演着权力的游戏，江湖展现着铁血恩仇录。黑云压城城欲摧，在充满敌意的时代，所有暗流都汇集到大清王朝的政治中心北京，社稷危如累卵，几方剑拔弩张，大时代的惊涛骇浪终于不可避免地席卷而来。

（文/周渝）

朝堂上的明争与暗斗

1899年（农历己亥年）的最后一天，如同往日一样，众大臣议完国事，慈禧太后宣布罢朝。待群臣纷纷告退，时身居枢垣要位的满族权贵荣禄请求与太后独对，慈禧允之。

荣禄不假思索，单刀直入问道：“传闻将有废立之事，信乎？”

慈禧回曰：“无有也。事果可行乎？”

荣禄遂谏议：“太后行之，谁敢谓其不可者？顾上罪不明，外国公使将起而干涉，此不可不慎也。”

太后叹道：“事且露，奈何？”

荣禄似早已胸有成竹，曰：“无妨也。上春秋已盛，无皇子，不如择宗室近支子，建为大阿哥，为上嗣，兼祧穆宗，育之宫中，徐篡大统，则此举为有名矣。”

沉吟良久，慈禧答：“汝言是也。”

23天后，上谕命令恭亲王溥伟，贝勒载濂、载滢、载澜及大学士、御前大臣、军机大臣、内务府大臣、南书房、上书房及各部院满汉尚书于次日侍候召见。次日经御前会议讨论，清廷宣布封端郡王载漪之子溥儁为大阿哥，继承穆宗毅皇帝（同治）为子，派崇绮为师傅授读，并派徐桐常川照料。当天，恰是农历己亥年十二月二十四日，史称“己亥建储”。

扎进慈禧心中的刺

此令一经公布，朝野反应极其强烈。四天后，浙江士绅经元善以上海电报局总办的职名领衔向总理各国事务衙门发出了电文：

> 昨日卑局奉到二十四日电旨，沪上人心沸腾，探闻各国有调兵干预之说，务求王爷、中堂大人公忠体国，奏请皇上力疾临御，勿存退位之思，上以慰皇太后之忧勤，下以弭中外之反侧。宗社幸甚，天下幸甚。

此通电之发布，非经氏一人所为，尚有一千多名各界人士联名，共同请求光绪亲政，抵制立储。结果可想而知，慈禧震怒，经元善以通缉犯身份亡命澳门。

天下舆情汹汹，缘何清廷最高层仍固执己见，坚持立储？这恐怕与慈禧心中的三大隐衷密切关联。

其一，帝后权力结构错位之必然结果。戊戌政变后，慈禧再度亲政，皇帝被囚于瀛台，这种急遽政治动荡的变化实际赋予了光绪悲情人物的色彩：改革未酬，大权旁落。于是海内外多数势力认定作为新政象征的光绪，只要一日在位，便存在一丝扭转局面的希望。是故各方都在打“光绪牌”，只是玩法不同。流亡海外的康有为、梁启超等维新派人士将光绪当作继续改良的精神寄托和从事政治活动的资本，当从政府不同渠道释放出光绪病重的谣言时，康、梁诸人迅即编造出慈禧授意宫中太监给皇帝药物中下毒、企图从肉体上摧毁光绪的说法，虽系捕风捉影，但占据道义优势的他们反倒令清政府无形中处于话语弱势，有口难辩。

各国列强对光绪健康问题也是极度关注、反复追问。1899年10月15日，庆亲王奕劻会见英国驻华公使窦纳乐，主动澄清了关于光绪被人谋害的谣言，还望各国使臣代为辟谣。奕劻甚至诚恳地询问窦氏如何能尽快令纷纭的传闻早日平息。窦纳乐给出的建议是找一位外国医生为光绪诊断，并签署一份皇帝的健康证明书，不管结论怎样，都会使国内外反对者和怀疑者归于安静。平心而论，窦氏的建议代表了西方世界对中国未来政局走向的普遍担忧，虽然戊戌维新问题多多，但至少是基本合乎西方近代的价值理念和政治预设的。假以时日，他们甚至认为中国会沿着他们走过的道路成为国际社会上的重要一员。然而慈禧的“回马枪”让该进程戛然而止，他们自然不希望慈禧废黜光绪，倒回旧路。18日，清政府罕见地邀请法国驻华公使馆医生多德福入宫为光绪诊病，并出具了病情报告书，诊断表明“虽然没有立刻的危险，但皇帝是有了微恙”。言下之意，光绪的身体并不影响其执政。如此一来，西方列强某种程度上打消了对清宫阴谋的猜疑，更期盼慈禧归政于皇帝。孰料到了是年底，光绪身体突然急剧恶化，甚至1899年11月22日清廷发布谕令，告知中外“朕体违和，近来服药调理，尚未大愈”，相关政事及礼仪活动，“若勉强亲行，精力恐有未周”，于是再度消失于众人视野之中，这不禁又加重了各国对中国政局的忧虑。

与此同时，东南诸地督抚也不是省油的灯，纷纷以各自的方式声援光绪皇帝。如两江总督刘坤一，在戊戌政变后不久，毅然于10月3日致电总理衙门，希望秉钧者们切勿将所有改革失败的包袱全甩在光绪头上，更不能像谣言那样离心离德，而是应该携手开创未来，“两宫孝慈相孚，尊亲共戴，以维系人心安社稷”，甚至请求慈禧不再追究康、梁等余党的罪责。

综上可见，政变后的慈禧也并非能够随心所欲地发号施令，她面临着内外诸多力量的牵掣与质疑。

其二，以徐桐、刚毅为首领的保守势力逐渐得势。戊戌政变不仅逼迫康、梁等维新人士远走他国，也很大程度上对趋新的官员群体是一大重挫。朝廷人事可谓此消彼长，一大批倡导改革的官员失势，代之以政治立场偏于保守之徒。具体而言，政变后满汉矛盾、新旧矛盾、因财政危机而引起的央地问题越发突出，并逐渐交织于一体，彼时军机大臣钱应溥为求自保，称病不出，廖寿恒谨慎不言，李鸿章则被排挤到黄河勘察河工。于是保守派乘虚而入，当年底，守旧势力灵魂人物徐桐在向慈禧举荐人才时，援引了一大拨立场保守之辈，如他力荐礼部尚书启秀“学正才长，力持纲纪”，刑部尚书赵舒翘“志虑纯正，识卓才优”，仓场侍郎长萃“廉干无私，才猷无私”，三者皆堪出任军机。

刚毅更非善类。政变后，刚毅以为，“新法万不可用，必当扫除净尽，而新党之人亦必须屏斥一空”，他把持朝政，“自八月以后，闻皆系刚毅之政策”。1899年，刚毅奉旨南下查办财政，此事表面缘于朝廷财政管理失控，亟须为练兵筹饷打开缺口。然而在查办过程中，刚毅重点打击洋务、维新事业，与地方官商绅的利益冲突逐渐凸显，甚至与两江总督刘坤一发生直接冲突，双方交恶。遂致地方民心斫丧，各派万马齐喑、消极抵抗。难怪罗家伦后来评述该事件，犀利指出刚特使“由是北归，则踌躇满志，刻期大举，而义和团遂轰轰烈烈出见于世界”，经此一劫，己亥政局进一步滑向保守的深渊，转向建储、拳变、西狩与勤王等交迫纠缠的历史方向中去。

另需注意的政坛隐情是，于此内外交困的背景下，徐桐、刚毅不但诋毁维新官绅，还与慈禧心腹荣禄明争暗斗，且愈演愈烈，这也是左右朝局走向最终滑入与列强开战的一条关键线索。

其三，“祖宗之法”的不得已之举。前已言及，光绪之健康与否，关系着中外各种势力的进退起伏。虽然其性命暂无问题，但毕竟一旦圣躬不豫、沉疴难起，谁人继承大统的确也是清廷最高层必须预先考虑的重大事宜，这也是“祖宗之法”的必然要求。况且教训并不遥远，当年同治病故引发的“礼仪之争”，尚在统治者脑中留有余响。所以即使高层没有废黜光绪之意，立储也是需要提上议程的不得已之举。

一番甄选，入嗣大统的人选几乎非端王载漪之子溥儁莫属。依照祖宗之法，光绪无子嗣，无论废黜或宾天，必须在近支王公溥字辈中物色后嗣。在道光后代中，当时有嗣皇帝资格的有长子奕纬之孙溥伦、溥侗；五子奕誴之孙溥僎、溥儁、溥修；六子奕䜣之孙溥伟；九子奕譓之孙溥伒。七人之中，溥伦、溥侗、溥伒皆已成年，谁即位都不能保证慈禧听政，自然不被考虑；溥修之父载津生前爵位仅至镇国将军，不具备入围资格；溥僎、溥伟已到婚龄，一旦入嗣大统，慈禧仍须交还大权，故也不是合适人选。于是唯有溥儁各方面要求都达标。

溥儁这种显要的政治地位，势必引来“一班熏心富贵之徒”，徐桐、刚毅纷纷向溥儁之父端王载漪输诚示好，一股以载漪为核心的“大阿哥党”在不足一年内迅速形成。

这三大隐衷，好似三根深深扎入慈禧心头的利刺。一旦风云变幻，则旧痛复发，影响全局。

“已亥建储”前夕，张之洞收到侄婿朱延煦的密函，其中如此描述京城政情：

> 昨刚（毅）、赵（舒翘）二公拟请停罢大学堂，以荣相（荣禄）力沮而止……十月慈圣万寿，海外华商公电祝嘏，并请归政，尔时枢臣隐去“归政”二字，迨刚相还京，悉以面奏，于是有购逃一谕。太仓（廖寿恒）之出军机，殆亦因此。合肥（李鸿章）粤督之授，虽为调停广州湾，究亦兼为此事……山东义和团事，大约可了。教士被戕一案，亦经偿抵矣。

此信所藏信息量极大，高层矛盾激化、打压趋新重臣、封锁不利舆情、山东义和团问题的处理……这一系列看似孤立的问题，到了庚子年，随着内外形势的恶化，聚合为环环相扣、终致引发政局崩坏的链条。

不惜与洋人一搏

开篇已言及，荣禄向慈禧所献之策，意在避免因“废立”而招致内外矛盾的激化，遂建议采取妥协性质的立储办法，先立溥儁，徐图将来，以化解一场一触即发的政治动荡。荣禄维护帝后关系、保持大局上的见识堪称高明。然而为权力迷乱了头脑的“大阿哥党”的诸位权贵们却认为所谓立储充其量是画饼充饥，他们希冀更多的权势，争取尽快实现废立，为此不惜采取极端手段。

1900年春夏之交，万余名义和团团众控制了顺天府南部重镇涿州，京畿形势陡然严峻，加之列强又提出派兵进京保护使馆的要求。一面是民众运动高涨，一面是列强借机入侵，清政府陷于进退维谷的境地。

临此危难，当政者更需慎之又慎，通盘考虑。然而端王前因废立之事被列强所阻止，“乃极恨外人，思伺时报此仇”，“义和拳起，诩其术谓枪炮不入，乃大喜，以为天助，欲倚之尽杀使侨，以促行废立”。在私愤与私欲的裹挟下，“大阿哥党”铤而走险，令局势终致不可收拾。

面对声势如潮的义和团，直隶总督裕禄认为，值此地步，一味安抚于事无补，为防止其再扩大，应尽快集中兵力、严加惩处。然而朝堂这边“大阿哥党”的官员则有意利用民众力量对抗列强军队。1900年5月30日，赵舒翘上奏，既然义和团诛不胜诛，不如采取安抚、招安的方式，将其可堪利用者纳入清军序列，“因其仇教之心，用作果敢之气，化私忿而为公义，缓急可恃，似亦因势利导之一法”，可知其妄图凭借义和团与外国军队决一雌雄。

对于赵的建议，慈禧的态度显得模棱两可。如上所述，慈禧心中的利刺并非义和团，而是列强。列强坚持入京，不免让她担忧对方是隐含着干预中国内部事务的野心。因此，她一面要求加强对义和团之镇压，“严拿首要，解散胁从”，一面又不希望对民众赶尽杀绝，反复告诫地方官员应区别对待，对随声附和者“应剀切晓喻，立时解散，毋任再起衅端”。这种策略，其实两头不讨好，列强认为清廷剿灭不力，而义和团在地方睁一只眼闭一只眼的情况下获得更大发展。

形势自然每况愈下。诸国公使反复与总理衙门会商剿灭与进京事宜，不断对清廷施压，陆陆续续地向京畿派兵，不断在大沽口外集结军队，战火一触即发。6月9日晚，慈禧密召军机大臣入宫议事，耗时甚久。经过商讨，认为“该团实皆忠心于国之人。如与以上等军械，好为操演，即可成为有用劲旅，以之抵御洋人，颇为可用”，决计改剿为抚。议论过程中，荣禄等人坚决反对安抚，并抖出猛料，证明之前招抚的教训极为惨痛。然而载漪、刚毅、启秀、赵舒翘等人迅即声色俱厉地大加挞伐，谓断不可剿办义和团。望着“大阿哥党”势力占优、气势逼人，原本力主剿灭的王文韶等人默然无语。慈禧对义和团素无好感，眼瞅除荣禄外，诸臣大多意气用事，建议未能中肯，勃然大怒，怒斥端王、刚毅等才干远逊于张之洞。显然，这次密议慈禧也未能确定方针，仍在剿、抚间犹豫。

这种不置可否的做法，实际引发清廷权力系统的分解，剿、抚双方都利用自己的权力发号施令，这意味着诸位大臣开始各行其是，无法以中央号令为准。6月5日，赵舒翘在涿州向义和团喊话，希望拳民就地解散，如执迷不悟，则势必家败身亡。然而第二天，刚毅前往涿州一带察看，“名为宣旨解散，实隐察其情势”，“意在以劝导为要”。如此纵容手法，导致义和团大量入京，局势更加恶化。

心知前景不妙，8日晚，荣禄赴颐和园苦谏，促请慈禧还宫。9日早晨，慈禧和光绪匆忙回宫，召集群臣议事。此时情形，列强逼近，拳民蔓延，真到了剿不胜剿的地步，荣禄等人的意见已全然没有市场。相反，以载漪为首的主抚派力言招抚义和团共御外侮。慈禧最终认可了他们的建议，任命载漪为总理衙门新任管理大臣，启秀、那桐等权贵也进入总理衙门任职。在此博弈中，主抚派胜出一筹。

听任主抚派的主意，结果便是爆发一个又一个骚乱。13日，大栅栏大火弥漫，正阳门部分建筑被焚，这不啻是庚子年的大事件和灾难。两宫不得不于16日再度召开紧急御前会议。这次会上，主剿的荣禄、奕劻、王文韶等人几乎一言不发，最终达成的“共识”便是：责成刚毅、董福祥“一面亲自开导，勒令解散；其有年力精壮者，即行招募成军，严加约束。该拳民既以义勇为名，如足备折冲御侮之资，朝廷原可宥其前愆，以观后效”。

当然，清廷虽然决定以招抚为主，但并不意味着对义和团放任纵容。这既是受制于自身兵力不济，也是欲图以招安的策略暂稳时局。其实直到此次会议，清廷仍未在对西方和战问题上有一决断。

“向世界宣战”

到底是战还是和，牵涉甚广，影响甚大，自然不能轻易拍板。尤其是在彼时各方力量复杂争斗的旋涡中，战或和意味着太多的内容。当时反战派主要是荣禄、奕劻、王文韶、李鸿章等人，他们认为八国联军之所以侵华，根源在于义和团盲目仇外，列强不过是“情急而图自卫”，帮清廷“代剿拳匪”而已。是故他们主张两宫痛下狠心平定义和团运动。这一派言论深得光绪认可，他亦认为八国联军倘若入京，对其恢复执政地位或许带来转机，于是公开支持朝野的反战主张。

光绪对列强的好感自然撩拨起慈禧心中那根利刺之痛，她非常担心权力会因联军入侵而旁落，更担心以光绪为首的趋新势力会翻旧账。“大阿哥党”似乎敏锐地意识到太后的隐忧，极力主张不惜一战。其实他们有自己的“小九九”，即他们对干涉废帝立储的列强既忌惮又仇恨，这次借安内必先攘外的旗号，力倡先利用义和团排外情绪报复列强，趁乱逼迫慈禧承认废帝立储。一旦计划完成，再调转枪头集中兵力镇压义和团运动。到了那时候，哪怕割地，管他赔款，反正溥儁已是太子甚至是皇上了。按照恽毓鼎的描述，“当宣战之日，固逆计异时之必归于和。使馆朝夷，皇位夕易矣。大事既成，盲风怪雨不转瞬而日月明概，虽割地以赎前愆，亦所不恤，侮辱一胜之不可幸邀也，天也”。为牟小政治团体之政治私利，全然罔顾国家利益与危殆时局，只要吾大权独揽，管他身后洪水滔天，如此恋权之徒主导国策，实彼时中国之大不幸！

出于自身政治利益最大化的算计，慈禧心理上倾向于主战派的观点。但关乎举国上下生死攸关的决策，她仍不敢贸然决定。于是直到开战前五天，慈禧还是揣着最极端的想法、怀着最侥幸的念头：假如列强就此打住，不扩大事态，清廷也不会选择撕破脸。于是6月16日特意电召两广总督李鸿章速速来京，并于下午召开百余人范围的御前会议。此次会议，堪称开战前夕争辩最激烈的一回。以载漪为主的主战派与以荣禄为首的主和派围绕着对八国联军是战是和的问题，针锋相对，甚至连慈禧和光绪也按捺不住，分别站在了对立的阵营之中。

为争取主动，主和派抢先发言，反复强调国力太弱，不足以与诸强抗衡。倘一意孤行，只有亡国一途。太常寺卿袁昶即认为“衅不可开。纵容乱民，祸至不可收拾，他日内讧外患，相随而至，国何以堪？”

光绪也禁不住讲：“人心不足恃，只能更加添乱而已。今人喜言兵，然自甲午一战，创巨痛深，效果是大家都看得到的。况诸国之强，十倍于日本，诸国合而谋我，何以御之？”

载漪马上反驳道：“董福祥剿叛回有功，以御夷，当无敌。”

光绪轻易便点出其要害：“董福祥骄难用，敌器利而兵精，非回之比。”

几番唇枪舌剑，慈禧命令那桐、许景澄等出京劝阻联军不要入京，如不听命，即派董福祥前往阻拦；再不服阻，则决战。

为了催促慈禧早日宣战，载漪竟煞费苦心地伪造了一份列强的“归政照会”，派江苏粮道罗嘉杰之子于午夜呈交荣禄。荣禄信以为真，次日凌晨上交慈禧。这封假文件中要求慈禧归政的强硬口吻进一步让其心中的利刺作痛，宣战的决心已暗暗下定。于是在17日的第二次御前会议上，虽然主和派极力劝阻，甚至光绪帝强调：“战非不可言，顾中国积衰，兵又不足恃，用乱民以求一逞，宁有幸乎？”已被假照会气昏头脑的慈禧当众拿出伪造件给众臣宣读：“洋人照会四条：一、指明一地，令中国皇帝居住；二、代收各省钱粮；三、代掌天下兵权。”但对于第四条“勒令慈禧太后归政”，慈禧并未公布。读毕，她怒吼道：“今日衅开自彼，国亡在目前，若竟拱手让之，我死无面目见列圣。等亡也，一战而亡，不犹愈乎？”

听罢此话，群臣再也不敢争辩，咸顿首曰：“臣等愿效死力。”

综观数次争辩之过程（之后18日还有一次御前会议，基调已是非战不可了），不禁让人喟叹：所谓统治者的“失误”，莫不是由统治者们特殊的政治利益所造成。

四日后（6月21日），清廷向八国联军宣战，庚子国就此拉开了沉重的帷幕。

（文／王学斌）

八国在联军中各自充当了什么角色？

八国联军侵华以镇压义和团为借口，而义和团之兴起又缘于山东的一系列教案。所以谈八国联军之组织缘起，就不能不从这场民教冲突的根子说起。

导火索：东亚“护教权”

以19世纪末的中国官员之眼界来看，基督教已不算什么新鲜事物。早在唐朝就有基督教分支聂斯托利派的传入，中国称之为“景教”。1611年，法国天主教耶稣会传教士金尼阁来华传教。至1773年，来华的耶稣会教士近百人，其中一些知名人物如汤若望、南怀仁等，在康熙年间且颇受尊重。但在罗马教廷与清廷之间爆发“礼仪之争”后，雍正帝于1723年起禁止天主教在华传教。

鸦片战争之后，英国人着眼于在经济和政治上捞取实惠，所以《南京条约》压根没提解禁传教权的问题。但英国人在远东的“胜利”极大地鼓舞了法国人，尤其是法国宗教界大肆聒噪：“既然英国可以为了维护少数商人的利益，毫不迟疑地派遣军舰追偿几箱焚毁的鸦片的损失，法国传教士受到迫害、残杀，法国为什么不可以进行有效干涉呢？”

于是法国也派遣军舰前往远东，逼迫中国签订了《中法黄埔条约》，且特别要求“弛禁天主教”，并归还因雍正禁教令而被没收占用的教堂。

与英、美背景的耶稣教（新教）相比，法国背景的天主教在中国的传教活动从一开始就带着浓厚的官方政治色彩。由于法国在华产业、商贸及政治、外交、文化传播等活动能力，均远不及英、美，故法国更刻意通过传教对中国基层社会进行意识形态渗透，以增强其影响力——所以天主教传教士无视条约所限的五口活动范围，非法潜入中国内地传教，而且作风霸道不择手段，频频引发教案。后起的德国传教士风格亦是如此。

以1860年数据看，当年中国耶稣教徒才2000余人，而天主教徒竟已多达40万人。而此间有据可查的62起教案中，涉耶稣教的仅6起，而涉天主教的竟高达48起。

法国如此热衷传教，有其深刻的宗教历史背景。

早在16世纪，罗马教廷曾授予葡萄牙东亚地区的“保教权”，即有权划分各国传教区域，制定传教政策，协调传教行动。

简而言之，这就是个圣教东亚“大护法”的角色，堪比齐桓公手里那块“五侯九伯，汝实征之”的政治招牌。放在中世纪，凭这个就可以号召列国组织“十字军”远征异教徒，抢钱抢土地了。

“十字军”时代就尝过甜头的法国人，在争夺东亚“护教权”上格外积极。早在1802年，拿破仑就给巴黎总主教和罗马教皇写信，希望将“东方所有教友尽量置于法国特殊保护之下”。而教廷眼看葡萄牙日趋衰落，在东亚难有作为，遂于1846年做出决定：以法国人代替葡萄牙人管理北京主教区。

教廷既然放出了明确的政治信号，那么教友们也就心领神会了。1851年，各国天主教士在宁波开会，联名呈书法国外交部请求给予传教保护。同年2月又在上海开会，联名呈请教皇将保教权从葡萄牙移交给法国。

葡萄牙虽不乐意，但毕竟国力衰微，已无复当年敢与西班牙均分世界的霸气。到1857年，葡萄牙终于与教廷签约，同意放弃除澳门之外的天主教保教权。

法国人满以为抢来了一柄号令群雄莫敢不从的屠龙刀，却没注意到时代的斗转星移。

中世纪欧洲王权的合法性来自神授，而教廷则是神在人间的代言人。正因为先有教权高于王权，故“保教权”才有号令群雄之力。但从新教革命之后，教权对于王权的影响逐步衰退，而王权失去神授的光环后也变得岌岌可危，以至于庶民们都敢把国王送上断头台了。

时代背景如斯，“丛林法则”替代了神的旨谕——既然弱国保不住神授的“保教权”，那么更强之国当然也可以无视“保教权”的号令。

所以后起的欧陆霸主德国，虽对法国在东亚的“护教权”嗤之以鼻，但却不得不承认：这是给法国“提供了一种可靠的、对中国施加压力和进行勒索的工具”。有鉴于此，1882年德国发表声明，德国将自行保护本国在华教会。1886年，德国又联合意大利向法国声明由本国自保在华教会。

虽因教廷干预，意大利传教士最终还是拒绝接受本国传教护照，但德国人却坚定不移。1890年，在德国官方的唆使下，在山东传教的德国籍传教士安治泰，竟直接向教皇索要保教权。教廷反正也剥夺过葡萄牙的保教权了，“强者多劳”的基本原则可以一以贯之嘛！于是就在1891年，宣布承认德国对其在华教会的保护权。

法国人虽不敢找德国人的茬儿，但对中国清政府仍以天主教会的保护者自居，动辄施以讹诈。1897年底，德国以“巨野教案”为借口强占胶州湾后，继续向内地延伸筑路和传教，山东因民教纠纷而形势日趋紧张。这本来是德国人的事儿，但法国人却凭借“护教权”，以保护者的姿态勒逼清政府颁发上谕，准许传教士直接与地方官交涉民教纠纷。传教士则故意曲解为朝廷承认他们与地方官平起平坐，具有对教徒的民事管理权……山东形势因此进一步激化。

清政府在列强的压力下，被迫以袁世凯替代毓贤任山东巡抚。袁的镇压又导致义和团团众在山东无法立足，纷纷涌入直隶、京津乃至东北……“多米诺骨牌”就这样一片片倒下，最后势成燎原。

法国在这一阶段蛮横跋扈的表现相当讨人嫌，以致连清廷中的主和派大臣联元，气急了也说“法兰西为传教之国，衅亦启自法，即战，只能仇法，断无结怨十一国之理”——都是法国传教惹出来的事儿，要宣战咱们就对法国宣战吧！

公使团：死道友与死贫道

法国虽然在教会问题上频频护短寻衅，但要说它是蓄意想挑起一场对华全面战争，倒也是忒高看它了。法国更多的是出于一种狭隘的文明自负与高傲——毕竟它在远东的军力并不充裕，只有实力很一般的海军分舰队和驻越南的殖民地部队。真发生全面战争，就凭这点本钱，连分赃也分不到大头。

所以，当义和团运动初起于山东时，北京的列强公使们并不着急。因为事件对列强的核心利益损害并不大——也就是烧了几个民愤太大的天主教堂，局部损害了法国一直碎碎念的“大护法”形象而已。英、美和耶稣会还偷着乐呢！

但随着大量义和团众涌入京津、直隶，列强的外交使团也逐渐感受到了切身威胁——死道友是一回事，死贫道可就是另一回事儿了！

1900年5月20日下午，在北京的各国驻华公使召开了一次公使团会议。共有英、美、俄、法、德、意、奥、西、葡、比、日共11国参加。

会议的前一天，当值首席公使的西班牙公使葛络干已将一封信提请参会公使集体研究。这封信是法国人、天主教驻京主教樊国梁写给法国公使毕盛的。樊主教在信中向“大护法”报告称：义和团的主要目的是要消灭欧洲人，当前大量义和团众正在逼近京城，教堂处境危险。请求派遣一支由四五十名水兵组成的海军陆战队来保护北京西什库教堂。

会议上，法国公使毕盛呼吁各国公使高度重视樊国梁的来信，强调义和团已对驻京的所有外国人构成威胁。他提议调兵保护使馆和教堂，并联合照会勒迫清廷对义和团采取更有力的镇压政策。法国的铁杆盟友、俄国公使格尔思立刻表示了支持。

老奸巨猾的英国对这一提议嗤之以鼻。英国公使窦纳乐指出，樊国梁受到中国教徒对义和团恐惧情绪的影响，把形势估计得过分悲观黯淡。窦纳乐不主张马上调动军队，以防刺激已经处于愤懑癫狂状态的中国民众，并促成清廷高层中排洋派势力的进一步团结。

对提出联合照会，窦纳乐倒是同意的。他还指出最好能下几天大雨缓解华北旱情，免得“天无雨，地焦旱，全是教堂止住天”这类谬论流传，影响了大英帝国的品牌形象，今后做生意很难办的。

窦纳乐的发言，得到了多数公使的支持。

德国公使克林德又作了进一步补充：如果总理衙门对照会不做令人满意的答复，或者不能根据各国使节的要求采取措施，列强就应当“采取一些共同行动”对清政府施加压力。但对于“施加压力”的具体措施，克林德也不赞成马上调派军队入京保护使馆和教堂——调少了没用。京畿周边有几十万义和团团民和十几万清军，列强调来几十人至千把人，还不够人家“随口嚼吧”的。要多调兵吧，把几千上万军队调入他国首都，换谁也得视同为宣战；即便清廷隐忍不发，这么多驻军的后勤保障也很难维持，还得在京津道路沿线驻军维护交通呢！

因此克林德建议列强“在山海关附近集中军舰”，至必要时才“派兵登陆，为保护外国人进军北京”。

既然世界首强和欧陆首霸都表了态，法国人也就不再坚持立即调兵来北京。公使们达成了暂时的一致意见——大打是不必要的，武力讹诈是最稳妥的，让清廷自己镇压是最省事儿的。

因为列强政府方面还未作出明确的指示，所以这一阶段公使们采取了留有余地的应对办法。

火上浇油的沙俄

俄国公使格尔思也参加了这次公使会议，但他的心思和其他人大不一样。他可是急迫等待、积极推动且非常乐于见到一场列强全面参与的战争的。

早在4月间义和团运动刚延烧到京郊时，格尔思就对总理衙门诈称列强准备进行海军示威并派兵来华，恐吓清政府尽速镇压义和团。5月19日（即公使团会议的前一日），格尔思在看完樊国梁的来信后，即给沙皇政府密电，请速派军舰载海军陆战队至秦皇岛，以便必要时应召来京。

俄国人为什么如此热衷大打，且能迅速做出调兵反应呢？且把时间回溯到四年前。甲午战争中，沙俄先是两头卖好，一面怂恿日本开打，一面向中国保证调停；打完之后又效卞庄子刺虎之伎，联合法、德发起“三国干涉”，硬逼日本把已经吞下去的辽东半岛吐了出来，摇身一变又成为中国“最有力”的朋友。

“三国干涉”还辽，让清廷中以李鸿章为首的亲俄派，在对日外交的窘境中找到了一根“救命稻草”——1896年6月3日，李鸿章代表清政府在莫斯科签订了《中俄密约》。此约概括之，即中国牺牲部分主权，换取与俄国结成针对日本的军事同盟。密约的核心内容，是允许俄国军舰进入中国口岸，并允俄国修筑穿越中国东北通往符拉迪沃斯托克（海参崴）的东省铁路。签约后，李鸿章曾得意地称：“20年无事，总可得也！”但他错估了世界形势和俄国人的秉性，经他手签的这份密约竟连一天“无事”也未能保得。

《中俄密约》甫成，沙俄军舰即借着协助中国防御外敌之名，频频闯入中国北方沿海寻找不冻港。首先是在1895—1896年冬驻泊胶州湾，后因觉得地理位置不佳而放弃。久已觊觎此地的德国人，生怕俄国人再有改悔，一待其退出，就于1897年11月14日强占了胶州湾——由于是应急举措，所以德国人在政治、外交以及资金等方面还未做好准备，因而吃相格外难看。这也是酿成山东紧张局势的根由之一。

俄国人之所以放弃胶州湾，主要是考虑到胶州湾距离其横穿中国东北的铁路主干线太远，不利于长期维持和发展。而且强占一个主权国家的领土，在国际外交上也很被动。等到德国人冒天下之大不韪强占胶州湾后，俄国即以协助中国对抗德国为借口，把舰队开进了旅顺口，声称“只要德国人撤走，我们就撤走”，从此强占了旅顺口和大连湾，进而又再强占辽东半岛。并从东省铁路分筑了一条支线至旅顺，将其修筑为坚固的远东要塞。

就连时任沙俄财政大臣的维特，也承认此举是“罕见的阴险狡诈行为”。

由于在旅顺口就近驻有强大的陆海军，所以沙俄从一开始就希望大打——只有这样，才方便它火中取栗。从5月中上旬起，沙俄就已开始从国内向旅顺口增派兵力和军舰，使其驻军实力上升至1.2万人，是列强中距离北京最近且最有实力者。在接到格尔思密电后，旅顺口的俄国人随即做好了派遣陆战队的准备。

而格尔思本人，则一面继续对总理衙门大唱“因念中俄数百年友谊，不忍看各国派兵来京，扰乱中国”“愿意设法阻止各国”的友谊经，一面又称“如各国不从，则俄必调得力之兵入京，以相抵制”云云。总之，好人都被他做完了。

公使们获得了动武的授权

话说5月21日，即公使团会议的次日，葛络干即代表列强将联合照会递交给总理衙门。要求如下：将继续活动的拳民及其首领“一并正法”，凡给拳民提供住房和集会场所的人“一并收监”，纵容、帮助和指点拳民的人“尽数诛戮”，玩忽职守拘办拳民不力的官员“概行惩处”，并将以上措施布告北京、直隶及其他北方各省。

总理衙门深感难办——按这个联合照会，涉事者有老佛爷，有接班人（端王父子），有亲王大臣，还有宗室贝勒。这些人要好办，咱不早就办了么？总理衙门唯一的办法，就是先打一套“太极拳”再说。这套“太极拳”一直打到5月28日。义和团焚毁丰台车站和京津之间路轨均被拆除的谣言传到东交民巷，公使们立即炸了窝——一旦切身安全受到威胁，就连老成稳重的英国人也坐不住了。奥、英、法、德、意、日、俄、美八国公使，当即电请本国调遣军队入京护馆。

5月31日，英、俄、美、日、法、意六国组成336人的先遣队开入北京城。德、奥准备略有不足，迟至6月2日才凑出80人进入北京。

这些军队中，俄、德两国是从其在华强租的海军要塞，即旅顺和青岛的驻军中抽调的。而其他列强由于陆上调兵不及，多是从就近赶来的军舰上抽调的水兵或海军陆战队。至6月2日，渤海湾和大沽口外已经集结各国军舰24艘。其中沙俄9艘，英、德、日各3艘，美、法、意各2艘。

6月6日，英国驻大沽口舰队司令西摩尔最先接到英国海军部的明确指示："当驻北京的各国使馆，或者是北京或天津及其附近地区的英国臣民遇到危险时，您为了保护他们，可以和其他司令官一起，采取您认为适当可行的措施。至于采取何种措施，女王陛下政府希望您斟酌决定。"

次日，窦纳乐也接到英国政府的指示，授意他可以"完全不受约束"地采取他认为"方便的措施"。至6月8日前后，所有驻华公使都被本国授权可以根据形势的发展调动军队。

换言之，列强共同做出了授权公使们动武的决定。

德国找到了扩大战争的理由

虽然都授权动武了，但列强心思仍各不相同。其中，最积极想打的是俄、德两国皇帝。俄国想从中国攫取更多土地和权益，早就做好了大打的准备。

德国最初并不积极，毕竟它只是陆上霸主，要向万里之外的远东投放大军并不容易。导致德皇威廉二世下决心全面介入侵华战争的，是6月20日发生的德国公使克林德被杀事件。

克林德对义和团运动是极为仇视的。早在1900年1月25日，他就约见英、法、美驻华公使，联合向清政府提交照会，要求清廷全力镇压义和团。5月底6月初，列强第一批护馆军队冲入北京后，克林德的态度更趋强硬——6月12日，他在使馆区马路上发现一位头扎红巾、腰系红带的人，当即擒拿交付“卫队方”。13日，他又带领德军在美国使馆门前拦击两位过路团民，并将其中一人捕入使馆。其他团民闻讯赶来营救，却遭到美国柯尔特机关枪的射杀。下午，克林德与“使馆卫队”在内城上发现城下沙地有团民习武，当即下令开枪，又打死“约二十人”。

6月19日下午3时，总理衙门照会各国公使，指出因八国联军攻击大沽炮台，导致“现在京城拳会纷起，人情浮动”。为了保护使臣及其眷属安全起见，请于24小时之内由清军护送前往天津。当晚，九国公使联名请求延期赴津，并要求于次日上午9点答复。

20日，总署照复：“稍缓日期，尚可通融，现团匪塞满街市，止各使勿来署。”但性格倔强的克林德不顾别国公使劝阻，非要单独与其中文秘书柯达士前往总署理论。当于9点钟左右路经东单牌楼时，被清军虎神营恩海击毙，翻译官柯达士受伤，跑进附近美国教堂。

7月1日，克林德被杀的消息传至德国后，德皇威廉大为震怒，同时也欣喜正好得到了一个扩大侵华战争的理由。2日，他就发出了组织一支7000人的海外远征军的命令。这支远征军的规模不断扩大，最终达到2.25万人。

德皇企图扩大战争，向中国勒索巨额赔款以实现其扩充海军的梦想。同时还希望把沙俄的扩张野心引导到远东方向，以免在欧洲威胁德国的“后院”。不过德国在东亚根底尚浅，虽然组建了强大的远征军，却必须从欧洲本土运来，一时半会还赶不上趟。

英国拉着美、日下场

日本从骨子里也是希望大打的。但“三国干涉”还辽的惨痛教训还记忆犹新，所以在初期刻意装得不太积极（但私下里早就做好了派遣一个师团的准备），一切以盟友英国老大哥的马首是瞻。

英国人则满心犹豫。一方面，义和团运动虽在华北影响很广，但英国的商业和经济利益主要集中在长江流域及沿海港口，不掺和没什么影响，瞎掺和反而可能蒙受惨重损失；另一方面，窦纳乐在北京天天诉苦，俄、德两国又一意要扩大战争规模，大英帝国眼看已经控制不住局面。如果再不亲自出手，真被义和团端了使馆，不但首强的威望扫地，向国内不好交代，而且俄、德事后分赃时自己必然吃亏。

好在大英帝国是国际外交的祖师爷，挠头一番之后居然想出一条妙招，叫作“东南互保”。不管它华北打成什么样，在东南互保之省份大家仍是好朋友，生意照做——既然不处于战争状态，也就不存在断绝通商、没收敌产、驱逐或监禁敌侨等问题了。大英帝国的商业利益因此得到了很好的保护。

故而在整个八国联军侵华之役中，列强从头到尾都没对清政府宣过战。而大清朝方面虽然发了一个很有文字张力的“宣战”上谕，声称“与其苟且图存，贻羞万古，孰若大张挞伐，一决雌雄”，却也压根未提及对哪国开战……准备好应对之策后，英国人也拉着美国和日本这两个小兄弟下场了。

6月9日，英国公使窦纳乐接到传闻，称西太后很可能下令驱逐洋人。公使团心慌意乱，马上连轴开会研究对策。原本主张持重的窦纳乐，这会儿也慌神了，他认为局势已经“恶化”，在开会之前就给大沽口外的英国舰队司令西摩尔致电，称“北京的局势极为严重，除非做出安排立即派增援部队进军北京，否则援军就可能来得太迟了”。

但下午的会议上，原本激进的法国公使毕盛居然唱起反调来，称就他所掌握的情报看，势态没那么严重。由于毕盛的情报一向比较准确，所以其他公使也就站在他那一边。窦纳乐少数服从多数，只好悻悻地电告西摩尔暂缓进京。殊不料刚告之西摩尔，晚8时又得到新情报——西太后确已准备驱逐外国人，而且董福祥的部队也已做好准备，只待发起总攻的命令了。窦纳乐情急之下，连公使团决议也不管了，再电西摩尔赶快带兵进京。

殊不料天津方面也和北京一样，也是俄、法两国反对马上进军北京——理由是兵力不足。俄国领事表示，旅顺有12000俄军，其中4000人已启程赶往大沽口，建议等这支军队赶到后再向北京进军。

英国人就算再傻，也看明白其中玄机了——俄国人企图主导这次战争，而法国则坚决与俄国人穿一条裤子。最终，在美国领事的撺掇下，天津的各国领事决定不等俄国人的大军到来，就现有兵力进军北京——统帅由英国海军中将西摩尔担任，副帅则是美国海军上校麦卡加拉。

10日清晨，西摩尔亲率500人的联军先遣队出发。其中英军300人，美军100人，此外还有60名奥军和40名意军。随后，英、德、日、法、俄等国又拼凑了约600人，作为第二批出发。在这三天中，列强共在天津拼凑出2300人向北京进军。

西摩尔就区区这点兵力，还走得七零八落，自然不是冲着打硬仗去的。他满以为沿途清军义和团不敢阻拦，只要冲进北京城，就能够威慑甚至控制清政府——后面自然也就没俄国人什么事儿了。

但西摩尔失算了。他在廊坊遭到清军和义和团的顽强阻击，只得弃车夺路逃回天津。此役联军共战死62人，伤228人，是谓“廊坊大捷”。欧洲列强“只要一小队的外国军队，就可以在整个中国从这一端到那一端长驱直入”的历史旧经验，在廊坊破灭了。

当西摩尔在廊坊苦战之际，日本外相青木周藏向英驻日大使怀特赫德表示，如果英国同意，日本可以派遣一支“相当大”的部队救援被围联军。这一提议立刻得到英国赞同。

英国人本想靠恐吓摆平中国，但廊坊之战业已表明中国不可轻侮，非投入大军不可。但此际大英帝国正在“布尔战争”中焦头烂额，实在难有大军投入远东方向。眼看着自己没本钱可投，而俄国人甚至德国人的大军却都在源源不断地赶来。所以日本人这个提议恰到好处，既符合英、美制约俄国人的期望，又不至于引起列强的猜忌和打击。英国人甚至提议，可以为日本出兵提供100万英镑的经费补贴。

于是日本人放心大胆地增兵。至6月30日，日军已投入3828人，占联军总数近1/3，仅次于俄军（约6000人）。7月6日，日本第五师团开赴中国。同日，日本内阁经分析中国战局后，决定再增派2—3个师团。

由于日、俄两军的大批加入，联军的实力迅速飙升，华北战场的局势急转而下。7月24日，日军轰开南门，已坚守27天的天津城终于陷落。

8月4日，当两万联军从天津向北京进军之际，其中的日军已占到8000余人（而俄军才4800人），成了联军的头号大股东。

德皇威廉虽然也拼凑了2.25万远征军，但其主力此时尚在航渡来华途中，故参加北京之役的只有区区200多人，德皇当然不会善罢甘休。所以德国在善后谈判过程中各种枝节横生，组织“讨伐队”在华北平原横冲直撞，也就自是题中应有之义了。

（文/江上苇）

从廊坊大捷到激战津门

1900年6月9日，应慈禧太后之召，董福祥率甘军进入北京城。就在甘军进京的同时，慈禧还收到一个让她担心的消息：拳民和洋人发生了流血事件。一部分拳民开始围攻北京西南郊的英国公使馆，英国使馆见习翻译包思德拔出手枪，当场打死一名拳民。拳民们立即聚拢成一群，将赛马场看台全部焚毁，然后人潮涌向西山，放火焚烧了英使馆在西山的度假别墅。

这是拳民和使馆方面第一次直接冲突。使馆区的公使们听闻董福祥的甘军进京，虽然据总理衙门的官员透露的信息，甘军进京绝不是针对洋人，而是为了“剿匪”。但他们听到的民间声音却恰好相反：“董大人的军队能杀洋人，进城来是帮我们杀光洋人！”

进军北京

9日晚，英国公使窦纳乐也做出调军决定，而且这次调军没有向总理衙门打招呼，直接从大沽口外军舰上调遣大部队。三封加急电报发给大沽口外的英国军舰，接到电报的人，就是英国海军中将、东亚舰队司令西摩尔。

西摩尔连夜召集八国海军联合陆战队。各国驻天津领事与直隶总督裕禄进行紧张交涉，他们要求总督尽快提供一列专用火车，并下令中国军队及铁路管理部门尽快修复被毁坏的铁路。各国领事扬言，如果裕禄不答应，他们将采取必要手段自行解决，或者夺取一列火车。裕禄表示，在未得到朝廷许可前，无法同意外国军队乘火车进入北京。

由于清政府方面不肯为联军调度火车，联军在天津火车站抢夺了一辆机车，然后派上自己的司机。同行的还有几名英国工程师，并强迫70多名中国劳工随行。如果遇到被毁坏的铁路，他们就边修复边行进。

10日上午9时，西摩尔带领英、美、奥、意的500名侵略军，乘专车北上。第一批联军部队开始行动后，法、俄两国不得不跟上。11时左右，由英、德、日、法、俄等国拼凑的第二批联军部队乘坐火车由天津前往北京。

联军出发时很仓促，自信很快就会冲进北京，甚至打算到北京公使那儿吃晚餐，因此，各陆战队都没带什么辎重，只带了两三天的粮食，每人发给了200—250发子弹，携带火炮数门。

就在联军出发的同时，庆亲王奕劻向慈禧太后上呈俄国公使格尔思的函件。在函件中，格尔思称，为了援救在北京的本国公民，列强肯定会“设以绝计”（指出兵北京），清廷应该马上采取断然措施，“降一果决之谕，在下认真遵奉，足可一气净绝义和团之乱”，“为救中国，必须片刻不缓，极切极严，谕令净绝义和团毫无意图之不法所为”。但是，清廷没有听从格尔思的建言。

10日下午，清廷得到联军向北京进发的消息，马上做出处置，命董福祥的甘军进驻马家堡火车站，阻挡联军进入北京城。同时命总理衙门大臣劝说各国公使，让联军退回天津。

6月11日，日本使馆书记生杉山彬欲出城迎接经清廷总理衙门批准的日本警卫队，被董军营官抽刀刺杀。慈禧太后为平息事态，派荣禄及启秀到日本使馆致歉，并召董福祥当面训斥。剽悍、排外的甘军进入北京，对于以载漪为代表的仇外势力来说是一个很大的鼓动。甘军杀死杉山彬后，董福祥来到端王府，载漪抚摸着他的后背，伸大拇指赞道："汝真好汉！各大帅能尽如尔胆量，洋人不足平矣！"

由于京津铁路早已被义和团分段拆毁，沿线的电线也被挖掉，北京和天津之间的铁路交通和通信实际是中断的。西摩尔的联军直到11日的晚上才行进到廊坊附近。

进京之路，水陆俱穷

12日，正当西摩尔催令士兵抢修铁路时，突然出现的一队义和团团民向他们猛扑过来。联军措手不及，只好向廊坊车站仓皇逃去。然而正当义和团奋力追赶的时候，从后面赶来一队美军，架起大炮向义和团猛烈轰击，义和团团民当场死亡30余人。面对大炮，义和团并未退缩，一个身穿白袍、腰系红带的团民甚至逼近联军副统帅麦卡加拉身边，用长矛向麦狠狠刺去，不幸牺牲在麦的手枪之下。义和团的搏斗很快吸引了附近村庄更多的义和团团民。团众将这支美军和已逃往廊坊车站的联军紧紧围困在车站一带。连续两天，战斗不断。

6月14日清晨，联军继续北上。列车勉强开到离开廊坊车站三英里半（约4.8公里）的地方，由此往前，铁路已全遭破坏。义和团始终监视着列车，当发现5名意大利侵略军脱离联军队伍时，一队人马立刻冲上去围而歼之。在切断联军前进之路后，义和团又把攻击重点移到他们的后路，把联军与天津的交通断绝。同日下午，上千名义和团团民向由30名英军占领的落垡车站进攻。这批英军向西摩尔求救，西摩尔不得已率兵回救，而后又匆忙赶回廊坊，仍然幻想修路向北京进发。

6月15日，联军主要兵力集中在廊坊附近修路，又遭义和团包围。为了保住廊坊—落垡—杨村的通道，西摩尔被迫带领一部分英军退到落垡，其他联军留守廊坊。联军修复铁路的工程进展缓慢，吃食日益缺乏，酷暑天气加之义和团不断袭击，使联军陷入困境之中。

联军的出动，也使一部分清军的态度发生了变化。例如，聂士成6月4日率部奉命到杨村保护京津铁路，直到6月9日还在杨村率军截击义和团。但次日听说联军开往北京的消息后，他立即要求率军回天津东北的芦台，也就是从镇压义和团的前线回到防御外国入侵的海防前线。6月18日，中国军队与联军发生了首次硬仗。这一天，俄军和德军一早就到附近村里去抢掠食物，在返程路上，遭到3000清军和2000多义和团的联合袭击。战斗持续了2个小时，联军死亡6人，负伤48人，义和团和清军付出了几百人的牺牲。清军的参战使西摩尔彻底丧失进京信心，只得向各国指挥官下达撤退命令。

此时联军北行需要修复铁路，又怕义和团乘机来袭；坐守廊坊而粮食、弹药已经耗尽。西摩尔只得派出一列火车返回天津搬运补给，结果火车行进至杨村时因刚修复好的铁路被义和团再次掘毁被迫停下来。西摩尔只好决定放弃廊坊，全军退往杨村，决定改由运河乘船北上，经通州入京。同时他派人回天津请求船只和给养支援。

6月18日，最后一批困守在廊坊的联军正准备乘火车退往杨村，突然遭到董福祥所部2000余名甘军和2000余名团民的袭击。战斗厮杀半晌，甘军和团民伤亡很大，但联军也付出了死伤40人的代价。当晚，这两列火车勉强开到杨村与等在那里的西摩尔联军会合。甘军和义和团紧追不舍，把杨村车站包围起来。深夜，困厄难耐的联军士兵正在休息。突然一队团民冲进车厢，联军士兵惊醒后有的还没有摸到武器就倒在团民的大刀之下。这次战斗，联军死伤40余人。

6月19日，联军眼见“进京之路，水陆俱穷”，决定乘驳船从北运河撤退。他们把伤员和供应装在先后抢来的9只木船上，其余的人沿河岸步行。由于运河水浅，加之义和团的阻击，船队一天走不了10公里，因为食品匮乏，不得不宰杀军马和抢劫运河沿岸的百姓度日。23日凌晨，联军退至位于天津城北8公里的西沽，偷袭并夺取了清军设在这里的武器库。武器库储存有大量武器弹药，周围墙垣甚厚，防御工事牢固。驻守西沽军火库的清军为练军卞长胜、陶良才部。此外，武卫前军左路统领杨慕时部也于6月21日上午由保定调防至此，协助驻守。

清军为了夺回武器库，与联军展开激战，附近的义和团团民也都赶来助战，将联军围困在武器库内。联军被困武器库内一整天，几次派人跟天津租界取得联系都被截住，近百人的英国海军陆战队的两次突围也遭失败。由于联军在武器库内得到大量的武器弹药和充足的粮食补给，得以喘息并负隅顽抗。联军残部有意暂住西沽，秘密派员前往天津租界求援，寻找突破机会。

刚刚攻入武器库时，联军就派奸细向租界送信，请求救援。他们很快组织了以俄国官兵为主的一支救援队，大约有2500人。在俄国上校希林斯基指挥下，由送信奸细带路，6月26日凌晨4时许从租界出发，沿土围子和铁路向西沽行进，将西摩尔联军解救出来。当天上午，他们一同撤回租界。行前，将西沽武器库付之一炬。

西摩尔联军离开租界整整17天，其中14天是在与义和团和中国驻军激烈对垒中度过的。据史料记载，联军此次共死亡62人、受伤232人。西摩尔事后心有余悸地承认：“如果义和团所用的武器是联军手中的枪炮的话，那么我所率领的联军必定会全军覆灭。”

中国军民在廊坊迎头抗击联军的行动，揭开了反击八国联军大规模入侵的序幕，粉碎了帝国主义列强吹嘘的“只要一小队的外国军队，就可以在整个中国从这一端到那一端长驱直入，不会遇到有效的反抗”的狂言。

血战大沽

正当西摩尔联军被围困在廊坊的时候，列强集结在大沽口外的联合舰队开始发动了对大沽炮台的进攻。

大沽位于天津东南、海河入海口的南岸，东临渤海，北靠京山铁路，是京津地区的海防前哨，也是华北地区最重要的军事要地。仅在第二次鸦片战争期间，英法联军就三次入侵大沽，都曾在这里发生激烈的战斗。八国联军进犯之前，大沽口驻守清军约2000多人，有4座炮台，南、北岸各2座。南岸的主炮台安设各种火炮56门，并在主炮台之南建有一座新炮台，安设各种火炮20门。北岸的主炮台安设各种火炮74门，并在北炮台之西北建有西北炮台，安设各种火炮20门。守卫大沽海口的还有向德、英等国新购置的“海容”号巡洋舰（2950吨，21节）和“海龙”号、“海犀”号、“海青”号、“海华”号4艘英国造驱逐舰和2艘德国造驱逐舰。列强如要扩大对华军事行动，打通塘沽到天津的通道，解除清军对列强海面军事力量的威胁，必须占领大沽。

俄国对夺取大沽尤为积极，他们从旅顺口陆续调集1600名士兵。6月15日，在俄太平洋舰队司令基利杰勃兰特怂恿下，各国海军将领达成协议，以“保全铁路并保护天津外侨”的名义采取行动。会合后，300名日军和250名俄、法联军分别占据了津塘铁路的两个重要交通点——塘沽火车站和军粮城火车站。

守卫大沽炮台的是67岁的老将罗荣光和他率领的3000名左右清兵。此时，罗荣光已经被任命为新疆喀什噶尔提督，部将劝其“何不离此赴任新疆，一者遵旨赴任可表忠心，二者以避战火可保高官”。但罗荣光主动要求留在大沽，提出“人在大沽在，地失血祭天”的口号，率将士死守大沽炮台。

6月16日晚9时许，一名俄国军官在两名英文翻译陪同下来到大沽炮台，代表七国向罗荣光递交通牒，要求清军在17日凌晨2时之前撤离大沽炮台。罗荣光称需要向上级官员请示，17日凌晨2时前不可能给出答复。俄国军官不予理睬，转身而去。

罗荣光一面传令各个炮台马上进入战斗状态，一面派专差前往天津向总督请援。同时，罗荣光还派人到北洋海军统领叶祖珪处通报大沽炮台情形，请他命令鱼雷艇管带抓紧准备战事，并由海神庙夹攻敌军。但是，裕禄只发来了令其坚守的一纸空文，而叶祖珪则对其根本不予理睬。

6月17日0时50分，距通牒限定的时间还差70分钟，侵略军便开始进攻大沽炮台。泊于白河的联军舰艇首先发炮轰击南北两岸炮台，守军被迫还击。俄国《新边疆》报随军记者扬契维茨基在战地日记中写道：“离决定性的时刻只剩1小时又10分钟……炮台闪了一下火光，大炮轰隆一声，炮弹隆隆掠过‘基里亚克’号上空。各个炮台火光迸发，一发发炮弹接连不断掠过军舰上空。”战斗开始阶段，清军顽强作战，重创德国、法国、俄国军舰，造成联军方面64人阵亡、89人受伤。

联军方面共有904名官兵参加战斗，其中321名英军、133名德军、244名日军、159名俄军、25名意军、22名奥军。大沽激战了6个小时后，终因没有援兵，弹药用尽而陷于八国联军手中。老将罗荣光和炮台官兵全部壮烈殉国，但也“毙伤侵略军130余人，击伤敌舰6艘”，使联军舰队付出沉重代价。一位俄国随军记者目睹了大沽炮台被陷后的惨状，在战地日记中写道：“罗守台倾尽全力捍卫委托给他的要塞。在所有被攻占的炮台的大炮附近都发现断手、断脚、断头的英勇捍卫者。沿着胸墙到处都躺着中国的步兵和炮兵。到处都是被欧洲人炮弹打穿、击毁、爆破的混凝土炮台障壁，到处都可以见到欧洲舰艇猛烈轰击留下来的血腥痕迹。”“中国兵将未可轻视，此次以七国水师攻一炮台，能持至6点余钟之久，可谓难矣。”

克林德事件

大沽炮台的陷落，使京津地区的海上门户洞开，列强的军队源源而至在此登陆，畅通无阻，把八国联军的侵华战争推向新的阶段。为此，德国公使克林德在大沽炮台沦陷后的当天便狂妄地宣称：“联军这次夺取大沽的行动，只是进攻中国的开端，中国真正的流血还在后面……”可是，他本人可能也没有想到，他说这话后不到三天，自己便首先命赴黄泉。

6月19日，清廷还不知道大沽炮台已经失守，但已接到6月17日裕禄关于列强强索大沽炮台的奏折。当天下午3时，总理衙门奉命照会各国公使，指出八国联军强令中国交出大沽炮台，“显系各国有意失和，首先开衅。现在京城拳会纷起，人情浮动，为了保护使臣及其眷属安全，请于24小时之内由清军护送前往天津，以免疏虞。”

当晚，八国公使联名复函总署，请求展期赴津，并要求于次日上午9时以前答复。德国公使克林德继续坚持全体公使集体前往总理衙门，争取面谈。为了表示勇敢，克林德仅携秘书柯达士乘坐两乘小轿，另有少数几名德国陆战队士兵随行。当行至东单牌楼附近一个小小警卫哨所时，忽见一队武装清军在那里巡逻，巡逻队领队是恩海。据许指严《十叶野闻》所记，恩海又名安海，为清军神机营霆字队枪八队章京。他的神机营确曾接到上级的命令，遇到外国人即杀之。所以当恩海见有洋人乘轿而出，遂命轿子立即停下，并取枪对准轿子，似乎是要求检查。轿中的克林德看到中国士兵举枪对准轿子时，遂拔出手枪首先开枪。恩海等中国官兵让过克林德的一阵乱弹后，即发一枪，恰好射中克林德的头部，使其当即毙命。

克林德被枪杀事实真相究竟如何，由于缺少直接材料，迄无定论。还有的说克林德系端王载漪派人“伺于路”，令所部虎神营开枪打死；有的说克林德在东单牌楼附近误触手枪机栝，以致惊动附近比利时公使馆卫兵，公使馆卫兵闻声回击，适有清军在途，疑其击己，即还击轰射，枪弹横飞之际，克林德死于非命。

不管真相如何，这个意外事故导致清政府与各国驻华公使之间的沟通越来越困难，以致公使馆关闭了与清政府进行沟通的大门。

大沽炮台的沦陷和克林德之死，使局势进一步恶化。6月15日，北京的义和团开始攻击教堂和使馆。次日，义和团向天主教北方教区总堂西什库大教堂发起进攻。也是在这一天，义和团在前门外准备烧掉一家西药房——老德记大药房。邻家的店铺准备去找水桶、脸盆救火，避免被大火波及，而拳民告诉他们，你们不用怕，我们的法术可以让这火只烧洋人的东西。但是悲剧发生了，大火迅速蔓延，先是延烧至广德楼茶园，然后是旁边的钱庄、当铺、饭店、酒楼、茶馆、澡堂、妓院和民房等，包括著名绸布品牌“瑞蚨祥”店面、著名中药品牌“同仁堂”店面、著名布鞋品牌“内联升”店面，尽数被毁。大栅栏以东的珠宝市，是京城专门熔铸元宝和银锭的炉房汇集地，20多家炉房毁于一旦。

这起大火无疑加重了当时的紧张气氛。荣禄任步军统领数十年，对京城地面的安全十分敏感，已经预感到局面将失控。他愤而大骂利用义和团的“大阿哥党”：“这些王八蛋，要把义和延入京，谓其能打洋人，闹得如许烂。”

“孰若大张挞伐，一决雌雄”

就在这样的关键时期，以载漪为首的“大阿哥党”煞费苦心地伪造了一纸所谓的列强“归政照会”，照会击中了慈禧的痛处。据恽毓鼎称，傍晚6时左右，慈禧召集诸臣于仪鸾殿，当时的慈禧情绪极为激动，“现在是他开衅，若如此要将天下拱手让去，我死无面目见列圣！就是要送天下，亦打一仗再送”。群臣闻之悲愤，大半皆决战议。接着，慈禧又高声说：“你们诸大臣均听见了！我为的是江山社稷，方与洋人开仗。万一开仗之后，江山社稷仍不保，尔等今日均在此，要知我的苦心，不要说是我一人送的天下！”6月21日她以皇帝名义发布了一个宣战诏书，声称“与其苟且图存，贻羞万古，孰若大张挞伐，一决雌雄”。

“宣战”上谕进一步煽动盲目排外和仇外的狂热。不过它并没有写明向哪国或哪些国家宣战，也没有送给任何国家或驻北京各国的使馆。所以，与其说是对外宣战诏书，不如说是对内颁示的讨伐各国的旨令。实际上，6月19日，上谕已命直隶总督裕禄，以事机紧迫，兵衅已开，命招抚义和团抗击联军。至此，开战已成定局。19日下午3点，清廷向各国公使发布最后通牒，命其24小时内离京。各国使节料想安全决难保证，没有行动。事实也证明如此，德国公使克林德就在东单牌楼被枪杀。下午3点，官民展开对使馆的进攻，李希圣在《庚子国变记》中说：“(谕旨)遂令董福祥及武卫中军，围攻东交民巷，荣禄自持檄督之，欲尽杀诸使臣。炮声日夜不绝，屋瓦自腾，城中皆哭。”

可以肯定的是，当时清廷已经决定对外开战，武卫中军参与围攻使馆势在必行，绝非荣禄所能阻止。而荣禄并非如“大阿哥党”那样愚昧盲动，他知道围攻使馆这事并不好玩，所以称病交出前线指挥权，让董福祥“临机决断”。董部奉命对外国使馆发起围攻，“拳匪助之，披发禹步、升屋而号者数万人，声动天地”，刚毅与赵舒翘“方坐城楼趣战，饮酒欢呼”。刚毅兴奋地说：“使馆破，夷人无种矣，天下自是当太平！”但令人吃惊的是，在如此优势的情况下，好多天过去了，一个区区的使馆区硬是攻不下来。

此时被围的使馆区内约有3000人，其中有2000人为中国人，外国人中除使馆人员及部分妇女、儿童外，还有400多名水兵及陆战队员，配有3挺机关枪和4门小火炮，由于事先早有准备，水和粮食都很充足，使馆区内还有150匹马，必要时可以杀了充饥。董部从甘肃长途行军来到北京，不可能携带重武器，所以一时难以攻破。载漪急了，请示了慈禧太后，调来武卫中军炮队长张怀芝带着“开花大炮”来攻，这种大炮是从德国进口的，威力极大，三五下就能把使馆区夷平。

张怀芝并非一介莽夫，知道这事非同小可，开炮前他得拿到凭信，董福祥只是个地方统领，说话不管用。荣禄时任内务府大臣，是张怀芝的上级，张怀芝便请示荣禄。荣禄不想蹚这个浑水，本想随便应付一下，但张怀芝死活不干，非要荣禄写个手谕。荣禄无奈，对张怀芝说：“横竖炮声一响，宫里是听得见的。”张怀芝明白其意，回去后称炮位不准，需重新校准，结果几发炮弹落在了使馆区的空地上。

以上这个故事出自李岳瑞的《春冰室野乘》。在一片喊打喊杀的气氛中，坚持对列强主和者难免被视为“汉奸”，所以荣禄只能尝试闪转腾挪做以补救。吴永在《庚子西狩丛谈》中也记载，荣禄先奉命攻使馆，继则“纡回改道”，还派人给洋人送去水果、蔬菜、鸡蛋和冰块。虽然围攻使馆的战斗不可谓不激烈，给使馆人员留下了深深的心理阴影，但也有论者认为猛攻使馆56天而不下，与荣禄故意放水、对太后阳奉阴违有关。荣禄既要指挥难以节制的武卫军和无法节制的拳民武装攻打使馆，还要找一切缝隙释放善意，角色可谓尴尬。

天津保卫战

其实，早在清廷发布宣战诏书之前，天津的义和团和清军已在老龙头火车站和紫竹林租界内的侵略军展开了激烈战斗。

老龙头车站在天津城东海河左岸，隔河就是紫竹林租界。车站是联军从大沽向京津运兵的枢纽，也是租界对外联系的门户。租界里设有各国领事馆及大部分洋行。各国侵略军连续开来，屯聚租界，租界成为他们入侵京津的重要据点。

6月17日，占据车站的俄军外出挑衅，被义和团挫败。18日，曹福田率团民数千会同部分清军向车站猛攻，激战竟日，俄兵“死伤有500名之多”。天津人民“送得胜饼与绿豆汤”来慰劳的“络绎于道”，“各铺户居民皆用红纸书‘义和神团，大得全胜’八字贴门旁”，以示庆祝。6月23日，联军8000人由大沽开到紫竹林租界。28日，张德成率义和团约5000人来到天津。曹福田即邀张合作，29日向车站发起进攻。这天马玉昆率武卫左军七营刚到天津，裕禄命令他们也投入战斗。几次冲进并占领车站，均被得到增援的联军打退。裕禄召集张德成、曹福田、聂士成、马玉昆会商作战部署，决定曹、马攻老龙头车站，张、聂攻紫竹林租界。

张德成率领义和团在租界西侧进攻。租界敌军在主要街道构筑工事，埋设地雷。张德成驱火牛阵踏过地雷区，大批义和团民随即冲入，予敌以杀伤和破坏，团民牺牲也很大，连日形成拉锯战。清军方面，聂士成“围攻甚力，恶战者十数次，相持八日，炮声不绝。西人谓自与中国交战以来，从未遇此勇悍之兵”。

八国联军这时到达天津的已达18000多人。7月9日晨，他们以优势兵力袭击天津城南八里台，争夺西机器局，双方展开激战。聂士成身中7弹，腹破肠流仍坚持战斗，直至血竭而亡。此战清兵战死约300人，团民死者近百人。

慈禧太后宣战不久，政策又发生了变化，7月3日向俄、日、英三国发出求和书，请求三国“设法筹维，执牛耳以挽回时局”。7月8日，慈禧任命力主议和的李鸿章为直隶总督兼北洋大臣，同时命北洋大臣帮办宋庆率清军暗中屠杀义和团，天津义和团力量急剧衰退。7月10日，联军又有2500多人从大沽到租界增援，选举俄军中将阿列克谢耶夫为总指挥，并于当天炮击天津城防。

7月13日凌晨4时30分，联军向天津城发动总攻，炮击两个半小时后，兵分两路向天津城进发。战斗持续到夜间，城墙被炸开，联军蜂拥入城。城内清军和义和团民同入城联军在南门大街小巷展开肉搏战，共打死联军750人，击毙美军上校、日军少佐各一人。南门保卫战激烈进行之时，以俄军为首的攻击部队在进攻中也受到义和团和水师营官兵的顽强抵抗。但终因双方力量悬殊，中国军民伤亡太大而于14日下午撤出战斗。天津保卫战失败，天津城沦陷。

联军占领天津后，在城内开始了烧杀抢掠活动。侵略军三五成群，游街串巷，挨户搜掠。“中国人的一点有价值的便于携带的财物都换了主人。美军、俄军、英军、日军和法军到处奔跑，闯进每一户人家，要是门不开着，马上用脚踢开，用枪逼住房主，任意拿去他们所喜爱的东西，而中国人稍迟疑的话就免不了送命。”侵略军将天津城内的银钱、钟表、古玩文物、皮毛、丝绸、金银珠宝以及猪、羊、鸡、鸭等，无不抢劫干净。为了寻找更多的财富，他们把目光甚至转向了坟墓，到处掘地刨坟，以至“四郊之外及各省会馆义园，几乎无棺不破，抛尸道左，野犬村彘，不嫌腐臭，及尸亲来认，业已肢骸不全”。在联军的野蛮屠杀下，整个天津城内但见死人满地，到处可以闻到尸体腐烂的臭味。全城居民不死则逃，“留下的只是有病、带伤和跛足的人”。

几经策划，联军于7月30日成立“天津临时政府”（又称“都统衙门”），由俄、英、日三国指定具有同等权力的三人组成“临时政府委员会”，对天津、静海、宁河等地区实行军事殖民统治（直到1902年8月才撤销）。此外，俄国、比利时还乘机在天津强行建立租界，日本和法国也乘机扩大他们在天津的租界。侵略者不但将有500年历史的天津城墙全部拆除，还先后削平了天津、北塘、山海关、大沽、芦台、新河等20多处兵营和炮台，荡除了清廷在直隶经营多年的沿海防御工事，使京津地区有海无防。

接下来，八国联军开始向北京进犯。

（文 / 黄金生）

联军炮火蹂躏下的北京

庚子六月，天津的战事节节败退，京城人心惶惶。即使如载漪、刚毅等纵容拳民、主张围攻使馆的顽固大臣，也预感到情况不妙。据《高枏日记》，天津失陷前后，慈禧太后已陷入歇斯底里的境地，7月11日，召见枢臣时训斥："外国要你们脑袋，知之否？"众皆无言。荣禄曰："脑袋不碍事，只要于朝廷有益，就与两个脑袋也不要紧。但恐与脑袋后仍无益耳。"

炮轰使馆

为了摆脱内心的煎熬，慈禧太后决定给各国公使施加更大压力，清军加大了对使馆区的攻击强度。7月13日，使馆区爆发了异常激烈的战斗，英国公使窦纳乐称："在整个被围困期间，对防务来说，这是一个最烦恼的日子。"4时左右，"各方面爆发了惊人的排枪射击"，"肃王府内的炮火比我以前所听到的更加猛烈和更加持续不断，而且伴随着'杀！杀！'的叫喊声，这些声音在使馆内可以清楚地听到"。法国使馆内爆炸了两颗地雷，两名法国水兵被炸死，30余名清兵阵亡。

关于清军炮轰使馆的情况，赫德曾有详细的统计，他在日记里比较精确地记载了使馆遭到炮击的时间："从6月20日开始，清军在四周筑起封锁线把我们团团围住，除了在7月21日和27日之间两三次收到少许馈赠的蔬菜之外，再没有得到过中国政府提供的任何东西……6月20日至25日、6月28日至7月18日、7月28日至8月2日、8月4日至14日，我们一直遭受武装攻击，枪炮声日夜不断，来复枪子弹、加农炮弹、克虏伯地弹就从皇宫前的城门上、皇城墙上、我们周边的多处很近的据点，飞到各使馆，清军从四面八方攻击我们。至于6月26日、27日，7月19日至27日的停火是不是中国政府下的令，我们不得而知，但是，其他时段里的开火，肯定是政府下令的……"

7月14日，清政府虽然尚未得到天津陷落的消息，但已知天津形势危急，于是一面减弱对使馆的进攻，一面向使馆递交一份照会，以"保护"使馆人员为名，要求他们"分起出馆""暂寓总署"，并规定出馆时"万不可带持枪洋兵一人"。显然，清政府的本意是想诱使各国使馆人员自投罗网，成为人质。外国公使自然不会受骗，当即拒绝了这一要求。

接着，清政府得到了天津陷落的消息，遂于7月16日完全停止对使馆的进攻，并于同日致函英国公使。此函不再要求使馆人员出馆，并企图掩盖攻打使馆的真相，把攻打使馆说成是义和团的行动，而把清军描绘为使馆的保护者，力求改善与各国使节的关系。7月19日，清政府致函各使臣，谎称义和团"欲攻破使馆而后快"，"其势汹汹，遏无所遏"。公使留在北京，恐有"不测之患"，要求各公使"暂避天津"，朝廷"当派宋庆及孙万林两军妥为护送，务保万全”。与此同时，清军在停火期间继续修筑工事，并在法、德、英等使馆周围挖掘地道。这一方面是准备在必要时重新发动进攻，另一方面也是对使馆人员施加心理压力，企图使他们承认前往天津是最安全的办法。

清政府企图通过谈判诱使外国使馆人员出馆，外国使节却利用谈判争取喘息时间，等待八国联军大部队的到来。

“海城到京，朝局又变”

天津沦陷，北京危在旦夕。环顾群臣，清廷把宝押到了长江巡阅水师大臣李秉衡身上。自中法、中日战争以来，李秉衡以其对外强硬的表现赢得朝野广泛的赞誉，俨然成为疆臣领袖之继承人。当庚子事起，战争威胁迫在眉睫，李秉衡的名字被京城官僚频频提及，几乎被视为有能力扶危救难的不二人选。当时既有“海城（李秉衡为辽宁海城人）初一入觐，高谈者气复少振”“海城到京，固执尤甚，朝局又变”之说。6月24日，即中外宣战后第四天，清廷谕召李秉衡“来京陛见，勿稍刻延”。7月27日，慈禧召见了李秉衡，在询问他对时局的看法时，李秉衡回答：“既已开战，不能言和。”慈禧立即下旨：“李秉衡著帮办武卫军事务，所有张春发、陈泽霖、万本华、夏辛酉四军均归该大臣节制。”并另有恩旨：“李秉衡加恩著在紫禁城内骑马，并在紫禁城内、西苑门内乘坐二人肩舆。”8月1日，慈禧下令恢复对东交民巷的炮击。

其实，李秉衡并非鲁莽之辈，他的主战不过为恪尽职守，他对自身的实力还是有数的，他私下就说过："洋兵如此厉害，战事哪有把握，我此番往前敌，但拼一死，可速电招李中堂（李鸿章）迅即来京办理议和。"

8月4日，八国联军近2万人自天津沿运河两岸向北京进发。5日凌晨，8000名日军率先向北仓防线发起攻击，与驻防清军接火。随着英、美军的大炮加入战斗，清军伤亡惨重，被迫撤出阵地退守杨村。6日，联军进至杨村，裕禄和宋庆率军勉强应战。由于兵将全无斗志，大败。裕禄自杀，宋庆则率部逃到通州。杨村被联军攻占。

8月6日，李秉衡出都视师，行前自誓"宁为国捐躯，勿临死而缩手"。8月8日，李秉衡以帮办武卫军事务大臣的名义统率"勤王之师"抵达河西务迎战八国联军。甫出京师，北仓、杨村已告失守，联军进至河西务，李秉衡拟合队"并力御敌"，指挥各军迎战。但这些临时应命之师不听调度，很快就不战自溃，清军"死者十四五，潞水为之不流"。河西务失守，李秉衡仅率身边几个幕僚退至张家湾，李秉衡见事不可为，自尽殉国。他在遗折内痛言："就连日目击情形，军队数万充塞道途，闻敌辄溃，实未一战。"也就是说，这根本就不是一支能打仗的军队。

8月12日，八国联军进入通州。美国军官达格特记道："本来以为中国人会在通州进行抵抗的，日军前卫在12日一早就出发了，没有遇到抵抗就到了南门。炸开城门后发现城里已空无一人。军队在正午时露营。日军前卫队继续向前推进约7英里，离北京只有五六英里了。"

京城距离通州仅20公里，但是在李秉衡自杀24小时之后，战报才送到，而且还是个“捷报”。12日下午，真正的战报才送达：通州不但已经陷落，而且联军已经开始了攻击京城的军事行动。李希圣《庚子国变记》记载，听说李秉衡前方兵败，慈禧太后大哭，对身边大臣说：“余母子无类矣，宁不能相救耶？”太后派王文韶、赵舒翘前往使馆乞和。有官场“琉璃蛋”之称的王文韶一听，赶紧说，我年纪太大，不中用了。赵舒翘也说，我资望浅，再说口才也不好，不懂议和事项。慈禧看两人互相推诿，便问荣禄怎么办，荣禄说，不如写封信派人送去吧。由于英国公使窦纳乐业已知道八国联军兵临城下即将来攻，故意对清政府的使者提出严酷的条件，要求中国军队撤出北京、道歉、赔偿等，和谈无法进行，于是空手而归。

13日，慈禧开始频繁地召见大臣，整个下午到晚上，召见荣禄8次，召见载漪5次，全体军机大臣被“叫起”也达5次之多。但是，群臣跪在慈禧面前，“皆默然不发一言”。虽然这时参加防守京师的清军总兵力已达10余万人，是八国联军兵力的8倍。但从官到兵，竟然没有一人能说得出具体的防御部署，没有指挥机构，没有作战方针、作战原则，也没有协同作战的实施计划和保障支援方案。

没有什么抵抗部署，但攻打使馆仍在继续。8月13日傍晚，甚至有一发炮弹击中了英国公使窦纳乐的更衣室。针对清军攻打使馆区这种匪夷所思的行为，北京大学林华国教授认为，7月13日以前，慈禧命令清军攻打使馆主要是为了把使馆人员置于似乎随时都有生命危险的困境，向列强施加压力，促使列强同意停战。7月14日以后，慈禧下令中止攻打使馆，要求使馆人员移居总署，后又提出护送使馆人员赴津是企图诱使使馆人员出馆，把他们置于清军直接控制之下，作为求和的资本。8月10日以后重新猛攻使馆则是为了攻下使馆，杀人灭口。“清政府把攻使馆作为求和的手段之一，这种做法是荒唐的、无效的、不足取的。”幸亏这一企图没有成功，否则，会引来列强更加疯狂的报复。

北京沦陷

八国联军占领通州后，原来约定14日休整一天，15日会攻北京城。但俄军为抢攻陷北京城之“首功”而背约，首先进攻北京东便门。英国将军嘎仕礼后来在报告中说：“由于俄军的提前进军，（联军）集中的意图被放弃了。各军都急速地前去攻打北京城。”日军、美军、英军等部队于14日上午先后发动了对北京城的攻势。8月14日凌晨2时左右，俄军用大炮轰开了北京东便门外城的城门，向内城推进，遭到内城墙上清军的猛烈射击，俄军伤亡很大，难以攻克内城门。因为俄军最早发起攻击，清军闻讯向东便门附近集中，对俄军猛烈射击，击毙、击伤俄军120余人，俄军参谋长华西列夫斯基少将受伤，安丘科夫上校被打死。

直到14日中午，俄军始终无法进入北京城中。上午9时许，日军发起对齐化门（朝阳门）的攻势。日军集中40多门大炮猛烈轰击，使整个城门箭楼变成了一堆废墟。在齐化门久攻不下的情况下，日军司令山口素臣也向东直门派出了另一支部队，并且用烈性炸药炸开了城门。激烈的战斗整整持续了一天一夜，直到15日凌晨，日军大部队才得以全部进城。日本驻天津领事称，在8月14日的战斗中，日军伤亡100人，包括3名军官，清兵阵亡400人；至8月17日，日军伤亡人数超过200人，包括1名大佐和8名军官。

8月14日上午，美军来到沙窝门（广渠门）附近。因为俄军在东便门的攻势吸引了清军主力，美军没有遭遇猛烈射击。利用这一时机，一些美军把城墙上的好多小洞和突起点当作梯子，顺利地爬上了北京城墙，然后对城墙上的清兵进行射击。上午11时左右，美军在城墙上竖起自己的军旗。因为通往使馆区的城墙完全被清兵占领，美军转而向西攻击前进。

英国军队于8月14日中午才赶到北京的城墙下面，却成为第一支进入使馆区的联军部队。因为英军得到情报，北京内城使馆区旁边护城河水面下有一个暗道——御河水门。下午3时左右，英军司令官嘎仕礼带领部分英军官兵钻过御河水门，砸开护城河下的铁栅栏，顺利进城，径直来到使馆区，受到窦纳乐等人的迎接。

由于外城失守，参加抵抗的清军作鸟兽散，京城内外的神机营、虎神营和各地勤王之师“约六七万人，皆已散灭无踪”。15日，联军向紫禁城发动攻击。16日，击溃守卫紫禁城和皇城的清军和义和团团民，占领了紫禁城，控制了紫禁城和皇城的各个大门。这时，以法军为首的2000多名联军也在西什库教堂打败了义和团和清军。攻打北京的战事基本结束。

北京沦陷，8月14日，慈禧决定“銮驾西行”“巡狩”。15日凌晨，慈禧闻讯联军进城后，更换民服，偕光绪帝仓皇而逃，同行的有皇后、李莲英、大阿哥等。他们从西华门至德胜门，转经西直门、居庸关出逃。随从有载漪、载澜、奕劻、载勋、刚毅、赵舒翘、英年等少数王公大臣，由马玉昆部及神机、虎神、八旗兵弁数千人护送，经怀来、宣化、大同，奔太原，后逃往西安。

随八国联军采访的俄国《新边疆》报记者扬契维茨基，描述了他所看见的北京被攻陷当天的情景：“傍晚，万籁俱寂，枪声早已停止，我重新登上城墙，眺望城市。在这个古城的上空，曾经从夜里两点到下午两点，到处纷飞着令人生畏的弹药：燃红的铅弹，钢铸的榴弹，甚至还有中国人民用生铁制成的古老的炮弹。在这寂静的古老城墙上和在这神圣京都的城墙下，人们的鲜血一直流淌了十二个小时。”

“杀人放火，强奸豪夺”

联军进入北京城后，便撕下文明的面具，开始了大规模的烧杀、掳掠和奸淫活动，北京城遭到了空前的摧残和蹂躏。偌大的北京城，成为八国联军烧杀掠夺的乐园。

联军对凡是设过拳坛的府邸、寺院和民宅统统举火焚之。实际上许多没有设坛的府衙房屋，也都遭到焚毁。鼓楼一带市民住房“并为灰烬”，从地安门至西安门“房屋焚毁无存，火焚数千万户，昼夜烈焰腾腾”。在纵火焚房的同时，联军将清政府各部门的档案、文稿、书籍焚毁，许多重要文献在烈火中化为灰烬。经过八国联军的纵火焚烧，“昔日充满着辉煌金漆的房舍的北京城”，“已失数百年来巍奂之美观，旧迹留者，仅一二耳，到处是一片破墙残垣满目荒野”。

罗伯特·雷奥哈德在其著作《赴中国救援远征——1900年夏在中国参加联合作战》中写道：“他们（联军）在中国野蛮而残酷地践行了社会达尔文主义，他们把矛头对准了那些经常被视作‘非人的’不幸的中国人。对北京无辜的民众行凶的刽子手相信，中国人就像动物一样，而不是像白人一样会感觉到疼痛。”八国联军在城内“逢人即发枪毙之”，一队法国兵就将一群逃难的老百姓逼进一个死胡同，架起机关枪进行扫射，“直至不留一人而后已”。各国使馆人员也参加到屠杀居民的行列中来，他们挥动着武器，以杀死的数目相炫耀，进行杀人竞赛。在联军的残酷屠杀下，整个北京城“成了真正的坟场，到处是死尸，无人掩埋，任凭野狗嘶啃躺着的尸体”。联军又到处抓人抬尸，埋于城外，埋尸者随即又被杀死。无数的中国居民不堪遭受联军的侮辱，“有闭门自焚者，有全家自殉者，有被逐无处投依自尽者，有被污羞愤捐生者。各街巷哭嚎之声，遍处皆同”。联军统帅瓦德西说：“至于妇女，每见敌人将近，往往先闷死其子女，随即自戕其生命。此种事实已屡次发生，实在可叹。”“倘若我们国内之人，很简单地相信，以往此间将为基督文化及其习俗作一大宣传，而事实上，无非只能赢得一种巨大失望而已。”

老舍出生于北京一个满族贫困家庭。当时他的父亲在巷战中受伤，爬近家门时死了，当时老舍1岁。老舍长女舒济后来说，八国联军冲进了他家，捅死大黄狗。炕上有两个大箱子，被他们翻得底朝天，箱子正巧扣在熟睡的老舍身上，使他躲过一劫，死里逃生。

伦敦《每日电讯报》驻华记者辛普森认为这是联军的报复，行动达到极致，自然是“杀人放火，强奸豪夺，无所不有”。他记载过野蛮的印度兵“于昏夜中走入教民妇女所居之屋，各抢女人头上所戴之首饰，即一小银簪亦抢之”，并施以强暴的描写；有“矜持的德国人”从乡村“骑马而行，鞍上满系巨包，前面驱有牛、马等兽，皆于路上掠得者”的记录；更有“凶猛的俄国人以辎重炮车满载颐和园中的掳掠之物，实在载不动的便抛于车外，于是有三个美丽无价之大花瓶遂受此劫，尚有玉器数件，雕刻奇巧，亦同时粉碎……”

在8月末的一篇纪事中，辛普森扬扬得意地叙述了他同德、俄、日等国军官一道闯入紫禁城、抢劫皇宫之事。他以手枪恐吓极力阻止他们的守宫太监，进入了西太后寝宫，坐在慈禧的卧榻上嚼“香甜之玫瑰酱”，吸“俄国之烟卷”，并看上了“一精美之银便壶”；他还自告奋勇闯入户部银库大门，搜索金银，劫掠一空；后来，他又成了一名文物贩子，在寓所中以金条、金币收购各国士兵搜罗来的各种珍宝，如戒指、宝石、鼻烟壶等，其中有一件是法国路易十五世时的金扣带，为耶稣会教士初来北京时所赠清廷礼物之一种。对于自己参与抢劫活动，辛氏辩解说：“人之血既已激动，且经过长期之禁锢，见此情形亦不免有参入之思想，不能自持。”一方面做了强盗，另一方面还要充作文明人。

这种双标手法，运用得可谓娴熟。

八国联军在北京的抢劫，无论在规模上还是在时间上，都达到了史无前例的程度。为满足士兵的抢劫欲望，联军入京后曾特许军队公开抢劫3日。但实际上，抢劫活动一直持续到八国联军撤出北京才停止，长达一年之久。

堆满金银翡翠和历朝宝物的皇宫、颐和园、三海（南海、中海、北海）成为八国联军的首要目标。各国军人和使馆人员在参观皇宫的名义下，将各宫陈设盗抢一空。由于各国军队分别占有颐和园及三海的不同部分，在明抢不便的情况下，就采取偷盗的形式，将这些地方的各类珠宝尽行拿出。一些后来者“皆争取一二物，谓留为纪念品，遂至壁间所糊字画，窗间雕刻之画板，亦瓜剖豆解矣”。八国联军在皇宫到底抢去了多少宝物，其数目已无法计算。

官署衙门也是八国联军抢劫的重要目标。在京各衙门均遭洗劫，尤其户部和内务府损失更为惨重。日军首先抢占了户部银库，随后又抢劫了大量实物，据不完全统计，“各处库款，所失约计六千万两”。其他实物价值更是难以计算。私人宅院及店铺商号也未能幸免。各王公大臣宅院“无不被洗劫一空”，仅从礼亲王府一处，法军就劫去“现银二百余万两”和无数的金银财宝，“堆积如山”。经过八国联军大规模的抢劫，北京自元明以来之积蓄，上自典章文物，下至国宝奇珍，扫地遂尽，所失已数十万万不止，“其详数将永远不能查出，但为数必极重大无疑”。

分区占领和安民公所

联军在占领北京之初各自为政，互不统领，纷纷抢占地盘，为此不时发生火并。鉴于这种混乱，各国将军于8月15日、16日连续开会。几经协商后，日、俄、美、英、法、德、意七国形成了瓜分北京的局面，并规定“各国所管之界，均用各国旗帜以为别”。昔日森严辉煌的帝都，一时满街飘荡着各国花花绿绿的国旗。

联军对北京实行分区占领后，采取“管理”的措施之一，就是发布靖民告示，一时大街小巷到处可见张贴的这种布告。当时各国在京张贴的布告均为一体，除抬头签署国、管界范围不同（根据实际占领的四至填写），其余文字皆同。文字内容除一些劝告居民各安旧业、公平贸易、勿要惊惶之类的空话外，特别强调的是严禁私藏武器。因当时联军入京之后，义和团的反帝斗争转入地下，联军不时遭到义和团的反抗。分占区形成之后，侵略者便沿巷搜刮，对于商号、当铺、居民的抢劫更加残暴与贪婪。他们以搜捕义和团、搜查军械为名，三五成群，身挎洋枪、手持利刃，在各街巷挨户踹门而入，翻箱倒柜，无处不搜，稍有拦阻，即被戕害。

10月17日，联军统帅瓦德西到达北京后，建议组织一个统一的国际委员会来管理北京，结束各国占领区各自为政的局面。经过一个多月的协商，各国大都接受，只有法军司令华伦始终反对，因而没有参加委员会，不受该委员会的限制。自12月10日起，“管理北京委员会”成立，办公地点设在理藩院。

尽管“管理北京委员会”的文告中充满沽名钓誉之词，但它的成立并没有改变各国分占北京的局面和性质。占领区的警察权限仍由各国侵略军司令独立行使，作为一个松散的殖民统治机构，该会所办之事只限于“公共安宁秩序事宜，卫生及军队给养事宜，人民粮食问题，筹款以作此项开销问题”。

八国联军进入北京，一向掌管警察事务之衙门官吏即刻纷纷逃散，官署一空。市井无赖之徒趁此机会肆无忌惮地讹诈掠夺，秩序大乱，北京城内供应十分紧张，“数百万生灵嗷嗷待哺，觅食维艰，穷蹙情形，不堪言状”。这种局面也严重威胁到八国联军在北京的统治，迫切需要改变这种状况。于是，“各国驻京兵官会议，办理设立巡捕事务，定通行章程数则”，组织洋兵队进行巡逻。各国在占领区普遍设立了“安民公所”“保民公所”“协巡公所”“普安公所”之类的办事机构，由各国侵略军委派军官负责。有的还举派几名中国旧官吏为绅董，协同办理民事。

由于列强的对华政策不同，他们对建立安民公所的态度并不一致。日本占领区安民公所设立最早。这主要是由于日本占领区最为广阔，任务较为繁重，仅仅依靠占领军自身很难进行有效管理，尤其需要地方士绅的帮助，另外，也由于日本比较熟悉清王朝的国情，他们知道怎样才能更好地维持占领区的秩序。所以，日本占领区的军事首领能够主动地搜罗一批地方“名流”，组织维持治安的机构。美国也同日本一样，很注意恢复占领区秩序。实行分区占领后不久，他们就与恽毓鼎、曾广銮等人来往频繁，双方建立了“共信”。

安民公所日常事宜非常繁杂，从时人留下的日记等记载来看，安民公所不仅维持治安秩序，而且还执行城市行政管理的具体事宜，例如发布安民告示、刊发护照、悬执占领国旗帜、夜晚挂灯、平整并打扫街头、泼水于门前街头、设立厕所、供给米粥、禁止吸食鸦片、搜查赌场娼妓、组织巡捕、强征“苦力”、征收税捐等。

在八国联军占领北京的背景下，安民公所充当了其代言人的角色。北京的治安主要是由外国士兵组成的巡逻队维持的，安民公所建立后，维持治安成为其主要功能之一。安民公所还将现代市政设施引入北京，如安装路灯，修建新的公共厕所，将人们的粪便集中处理，而不是像过去那样直接倒入水沟中。占区当局还修建了庇护所及公共食堂，为挨饿的穷人提供临时住所及食物。另外，美国军医还给当地居民接种疫苗，并发起了“禁止随地吐痰”的运动，以防止疾病传染。美国占区相对有序的管制导致了很多北京人从别国占区涌来。据当时英国及美国媒体的报道，美国占领区邻近的德国占领区里不少房子都空了。

各国侵略军的分区占领及安民公所的设立只是列强策略的一种调整。这种调整既是征服者为了减少他们之间摩擦，也是为了在分占区更自由地执行本国侵华政策的需要。事实也证明，分区占领并没有结束各国侵略军的肆虐暴行，北京仍处在烧杀淫掠的灾难之中。不同的只是肆虐范围和方式的不同。美、日占区的情况虽然好一些，这也只不过是侵略者从最大限度满足自身利益出发，采取不同的侵华策略和手法而已。

贝野·罗蒂是一位法兰西学院院士，海军军官出身的他，以撰写世界游记而著称。在北京沦陷两个月后，他奉命前来为《费加罗报》报道中国见闻。他走进了北京城，眼前出现的仍是一片废墟："几个褴褛的乞丐，战栗在蓝色的破衣之下；几条瘦狗，食着死尸，如我们在路上领教过的一样……经炮弹、机关枪光临过的北京，留下的仅有颓垣败瓦而已……一切皆颓坍了，但欧洲人的国旗，飘扬在各处墙上。"他来到天坛，看到："这个往昔庄严肃穆的地方，现在任由野蛮人的马队驰骋。英国人派的攻打中国的上万名印度兵，在那里扎营。他们的马，蹂躏着一切。草地上全是马粪。一个大理石的香炉，往昔是祭神时烧香用的，现在被英国人当作烧瘟牛之处……"

贝野·罗蒂对此感慨地说，这是"北京的末日"。

（文 / 黄金生）

庚子俄难：沙皇俄国的趁火打劫

欧洲各国资产阶级政府早就对中国实行这种掠夺政策了，现在俄国专制政府也加了进去。我们通常把这种掠夺政策叫做殖民政策。如果直言不讳，就应当说，欧洲各国政府（最先恐怕是俄国政府）已经开始瓜分中国了。

——《列宁全集》第4卷

“双头鹰”转向东方

假使真的有人相信八国联军出兵的“初衷”只是为了“保护”在华外国人安全的话，那他一定会为沙皇俄国在八国联军侵华战争中所扮演的活跃角色而感到困惑。尽管截至1899年底，在整个大清帝国只生活着250位俄国平民，可是在第二年的战争中，攻占天津，出兵最多、带头建立租借地的是沙俄；下令攻打北京，召集军事会议、抢先攻打东便门，抢掠财物最多的是沙俄；在《辛丑条约》里获取赔款百分比最大的，还是沙俄……尤其引人瞩目的是，在“八国联军”中，只有沙皇尼古拉二世的军队占领了如此之多的中国领土——整个东北三省（当时外国人称为“满洲”）。

这当然不是单纯用“穷兵黩武”所能解释的。俄国外交的传统政策，本就是展示在俄国国徽中的那只兼顾东西两方的“双头鹰”。然而，俄国在克里米亚战争中的惨败使其丧失了在欧洲外交中的主导地位，普法战争以后形成的欧洲大国（英、法、德、意、俄、奥）之间的均势更让沙皇不敢轻举妄动。至于南方，随着“大博弈”以阿富汗成为俄属中亚与英属印度之间的缓冲国而告一段落，俄国进一步的扩张也被迫停止。在这种情况下，沙皇政府的侵略触角只能转而伸向包括中国东北地区在内的东方——而且，按照享有世界级声誉的汉学家瓦西里·瓦西里耶夫（1818—1900年）的说法：“俄国人和欧洲人不同，他们是作为受‘互相残杀和软弱无能的暴政’压迫的人民的‘解放者’而到东方去的。”

于是乎，在末代沙皇尼古拉二世在位的前期，俄国对东方的扩张达到了空前高潮。值得一提的是，作为唯一访问过中国与日本（并差点在暗杀事件里丧命）的沙皇，尼古拉二世对东方的关注超过了以往历代沙皇。皇储时代远东旅行的经历，甚至使其以这方面的专家自诩。在这方面的一个典型例子就是，尼古拉二世自皇储时代起就担任西伯利亚大铁路管理委员会主席，即位后也始终保留这个职务。

1891年2月，俄国大臣会议决定分别从符拉迪沃斯托克（海参崴）和车里雅宾斯克两端修起，12年内建成西伯利亚大铁路。1895年，这条雄心勃勃的铁路已经修到了外贝加尔，按原方案，将从赤塔沿石勒喀河南下，绕过黑龙江北岸。但地质勘测显示，在石勒喀河和黑龙江北岸修路有很大困难。财政大臣维特因此认为，该铁路若能穿过中国东北地区，直达符拉迪沃斯托克（海参崴），不仅能节约成本，更重要的是“俄国将永远把满洲保持在手中”。

（沙皇）专制政体19世纪90年代和20世纪初期的进攻性政策正是针对满洲的。因此，当日本在甲午战争以后迫使清廷割让辽东半岛以后，将“满洲”视为禁脔的俄国立即出面，联合德国和法国，仅仅通过军事威胁及外交手段，就兵不血刃地将日本从辽东半岛赶了出去，并在清政府面前为自己制造了一个好打抱不平的中国“大救星”的假象。为此，清政府也把俄国视为“恩人”和“朋友”，以期依靠俄国来抵御其他列强的侵略。第二年（1896年），清政府特使李鸿章在赴俄祝贺沙皇尼古拉二世加冕典礼期间与俄方签署《中俄御敌相互援助条约》(即《中俄密约》)。其中规定了包括清、俄协防日本，并同意俄国“通过黑龙江、吉林修筑一条铁路”(即后来的“中东路”)。

清廷上下对《中俄密约》建立起来的“俄罗斯双头鹰和中国龙的秘密防御同盟”抱有极高期望。用李鸿章的说辞就是，“二十年无事，总可得也”。结果却事与愿违。俄国人从来没有将软弱的清政府视为平等伙伴。1897年，德国强租胶州湾。作为清朝的“盟友”，沙皇政府的反应却是在翌年强租旅大（旅顺口、大连湾及附近水面），到了1899年更擅自将旅大租借地改称“关东州”，以旅顺为首府设总督。即便在维特看来，这样的做法也过于无耻了——“我们还同中国签订了对付日本的防御同盟密约，并保证保护中国，不让日本觊觎任何中国领土……既然做了这些事情却又要去夺取中国领土，那岂不是冒天下之大不韪，太背信弃义了”。但寡廉鲜耻的俄国主政者自有另一套说法。俄国第一流的国际法权威、外交部顾问马顿斯教授就扬言，“和半野蛮民族打交道，不能考虑国际公理！”后来的弗拉基米尔·列宁对此盖棺定论，它“毫无私心”地占领了中国旅顺口，并且在俄国军队保护下开始在满洲修筑铁路。欧洲各国政府一个接一个拼命掠夺（所谓“租借”）中国领土，瓜分中国的议论并不是无的放矢。

岂止“不是无的放矢”。俄国在旅大的行动推倒了一连串的“多米诺骨牌”。很快，英国也效法俄国占领了威海卫；后来是法国，占领了中国南方的一些地方；甚至在“列强”里吊车尾的意大利也向清廷提出了种种无理要求……这种局面强烈地激发了中国人的民族感情，义和团运动正是因此而爆发。

从海兰泡到瑷珲

愤怒的义和团团民烧教堂、扒铁路、拆桥梁，严重威胁了帝国主义在华的侵略权益。不过，由于东正教会并不热衷传教（远比不上新教和天主教），俄国人起初感觉义和团运动不是针对自己的。因此在1900年5月21日以前，沙皇当局从未正式参加欧洲各国向清朝政府提出抗议和要求的共同行动。不过，放弃趁火打劫的机会从来不是罗曼诺夫王朝的作风。就算沙皇本人不做此想，《彼得堡新闻》的主编兼发行者乌赫托姆斯基也已经迫不及待地提醒自己的皇上："俄国应采取迅速有效的手段，趁英法争夺中国华北和长江流域的有利时机，巩固帝国在满洲的胜利。""吹鼓手"笔下的"迅速有效的手段"很快就被沙皇的军事机器付诸实施了。1900年6月20日，陆军大臣库罗帕特金奏请"宣布关东州进入战争状态"。6月22日又奏请"宣布阿穆尔军区进入战时状态"。这两个请求立即获得尼古拉二世批准，沙皇授权陆军大臣就此下达一切必要的指示。两天之后，阿穆尔州的军事长官格里布斯基中将就在首府布拉戈维申斯克（海兰泡）下令部队"进入战争状态"，"根据第5号动员令征招预备役官兵入伍并征集马匹"。

俄军磨刀霍霍，海兰泡与附近江东六十四屯的中国人首当其冲。当时海兰泡有居民近4万人，其中多半为中国人。江东六十四屯坐落在从精奇里江口以南至霍尔莫勒对岸一带的黑龙江北岸，"南北长二百余里，东西宽七八十里不等"，即便是1858年不平等的《瑷珲条约》也明确规定：中国人在这里"永远居住"，仍由清朝"大臣官员管理"，俄国人"不得侵犯"，永远"和好"。"因为屯中经常住有大批到金矿（精奇里江沿岸）和布拉戈维申斯克挣钱的中国人和乘船而来为田间农民干活的中国工人"，实际居民也超过3万人。

到了7月，格里布斯基在《阿穆尔边区报》公开命令"健壮佩强的阿穆尔子孙们拿起武器，以哥萨克方式，坚决地、迅速地清除那些破坏和平的人……在这个问题上，不要为不必要的请示和等待批准而浪费时间”。7月中旬，正是这个格里布斯基在一手制造“海兰泡大惨案”之后，又亲率“马队数旅”，进犯江东六十四屯，将屯中的中国居民不分男女老少分四批押往黑龙江畔，大肆屠杀，来不及杀的就驱入江中。此刻，这位中将阁下早已将自己信誓旦旦的保证扔到九霄云外去了——中国居民可以“无所顾虑地留在他们居住的地方，因为他们是在伟大的俄罗斯帝国的土地上，这个帝国的政府永远不会允许和平的外国人遭到骚扰”。

对于沙俄制造的这一黑龙江上的大悲剧，列宁愤怒地谴责说，他们杀人放火，把村庄烧光，把老百姓驱入黑龙江中活活淹死，枪杀和刺死手无寸铁的居民和他们的妻子儿女。甚至比较公正的俄国记者也指出，阿穆尔当局如果真是出于安全的考虑，把中国人“集中看管起来”也就足够了，像海兰泡那种毫无道理的大屠杀只能用“纯粹的残忍”来解释。后来，在舆论的压力下，沙皇当局抛出了格里布斯基这只替罪羊。他被认为应对驱逐问题“处理失当”负责，但是鉴于他过去的“功劳”，所受惩罚只是调任总参谋部……

接下来轮到了与海兰泡隔黑龙江相望的瑷珲。7月23日，库罗帕特金发给阿穆尔总督格罗杰科夫的电报中赫然写着“皇帝陛下认为应当夷平瑷珲”。

尼古拉二世的命令得到了忠实执行。8月4日，俄军开始进攻瑷珲郊区。当天夜里，清军主力撤离了瑷珲，但不是全部清军都撤离了这座曾经是中国在黑龙江上最古老的前哨。当俄军于8月5日入城时，他们需要进行逐屋的巷战。坚守的清军与阵地共存亡，就连俄国人也承认“他们许多人的表现简直像真正的英雄”，并正确地指出：“倘若不是由于指挥官员腐败无能，克扣军饷，致令士兵衣食无着，那么，俄国人攻占瑷珲就得付出可能要高得多的代价；甚至，被摧毁的可能不是瑷珲，而是海兰泡。”

当时的瑷珲已是一座重要的商业城市。“大街两旁有许多小巷和另外一些街道，几乎每栋房子临街的一面都是店铺，每个店铺都写有花花绿绿的汉文和满文招牌，而在木杆上还飘扬着用纸剪成的各种各样的图形、三角旗和龙，所有这些，都使市街显得十分奇特。”虽然俄国当局战前就假惺惺下令“和平的老百姓，他们的房屋财产，不应当成为我们英勇的军队和边界哥萨克居民进攻的对象……对被我们打败的敌人，都要表示仁慈”，但没有什么命令能够阻止在杀人放火劫掠上堪与“大日本皇军”争夺桂冠的沙俄军队。这座已有200多年历史的古城被毁灭了，被烧成一片瓦砾，“四向焚烧，满城烟火，鸡犬飞壕，数千余房毁尽为墟”；居民被全部杀光，果然是“夷成平地”了！只剩下一座“魁星阁”。

在瑷珲军民的血泊中，1900年8月18日，格罗杰科夫兴高采烈地电告陆军大臣：“现在经过战争之后我们占领了南岸，完成了将阿穆尔河合并为俄国领土的伟大任务，从此，阿穆尔河由国界河流变成了纯粹的国内河道。”远在彼得堡的尼古拉二世看到这封电报后非常高兴，亲笔批示："我衷心感谢军队打得漂亮。"

各自为战的三将军

而这只是俄军入侵"东三省"的开始。1900年夏天的沙皇宫廷里充斥着好战的叫嚣声。"中国同过去一样衰弱，只是武器装备好了一些。如果我们在当地拥有10万至15万军队，就会把它打个粉碎。"就连以"温和派"自诩的财政大臣维特也变得狂热起来，全然忘记了自己过去说过的话——"不要激怒中国人，才好保持我们在满洲的地位"。

为了扩大侵略，沙皇当局从全国十二个军区通过陆海两路向远东集结了一支庞大的军队。比如，在一份电报里，俄军总参谋部就下令"着即由基辅军区向外贝加尔地区派遣第三步兵旅"，"由海路从敖德萨向符拉迪沃斯托克派遣第四步兵旅……并随带六个月给养"。7月6日，尼古拉二世赤膊上阵，自任俄军总司令，陆军大臣库罗帕特金任总参谋长。不久，沙俄陆军部下令将原驻阿穆尔地区的西伯利亚军改编为西伯利亚第一军，并将新征调的部队进行统一编组和部署：西伯利亚第一军作战部队约34300余人，集结于旅大、符拉迪沃斯托克（海参崴）；西伯利亚第二军作战部队约36200余人，集结于哈巴罗夫斯克（伯力）；西伯利亚第三军作战部队约31300余人，集结于赤塔、涅尔琴斯克（尼布楚）等地。登陆军作战部队约33700余人，集结于符拉迪沃斯托克（海参崴）、乌苏里斯克（双城子）。以上合计，共有作战部队约13.6万人，火炮328门。此外，远东各要塞和军区尚有留守部队40000余人，侵华俄军的总兵力超过17万人。

1900年7月14日，八国联军攻占天津。清廷因京城危急已无暇他顾。彼得堡陆军部抓紧这一时机，下令俄军兵分五路入侵中国东北。俄军的战争计划是，先“收复”中东铁路干线，即自外贝加尔湖通往满洲里、齐齐哈尔、哈尔滨和乌苏里斯克（双城子）路线。为此，必须攻占齐齐哈尔和宁古塔。然后，俄军应分两路同时进攻并占领铁路南支线，即自哈尔滨至旅顺路线，为此，必须攻占吉林和盛京（今辽宁沈阳）。

俄国以倾国之力扑来，中国方面的迎战准备又是如何呢？在甲午战争中，东北清军损失惨重。战后大力扩军，至1900年6月前，东三省共有奉军52营、吉军29营、（黑龙）江军36营，共117营。按编制计算，清军人数可达58000余人，但实际上还不到5万人。临战之时，三省紧急编练新军，将大量未经训练的游民及失业工人纳入营伍，军队素质更为下降。这些清军装备的武器除一部分新式枪炮之外，还在使用猎枪、抬枪、大刀、长矛等早已淘汰的武器。

东三省地方当局非常清楚，仅凭本地清军实力，在数量与质量两方面都无法与俄军相提并论。因此，三省将军多次请求朝廷支援。谁知清廷竟答以“现在京师十分戒严，断无大支劲旅可拨！”求兵不得，三省转而请拨军饷，又获悉“京师援军四集，需饷浩繁，部库断无余力外拨”。结果，整个战争期间，清廷未向东北发一兵一卒、拨一枪一弹。更匪夷所思的是，分布在东三省近百万平方千米土地上的清军，居然连统一指挥都没有。连地方大员都知道“请旨特派重臣督师前来，俾三省联络一气”，而清廷竟无反应，只是一再要求三省将军和衷共济。其昏聩如此，结果只能是听任三省将军各自为战了。

偏偏三省将军，又是三种态度。吉林将军长顺明确反对开战。在他看来，吉林在东三省里兵力最弱，当面的哈巴罗夫斯克（伯力）、符拉迪沃斯托克（海参崴）又是俄军重兵集结之地。因此“只可严守以待战，不可觅战以召衅”。实际上，吉林清军根本没有做什么抵抗的准备。结果，俄军只用了200名哥萨克骑兵就占领了一座筑有炮台、居住12万人口的吉林省城（1900年9月23日），光是缴获的新式大炮就有69门之多。至于兵力最强的盛京将军增祺既觉朝命难违，又虑与俄开战准备不足，态度动摇不定。只有黑龙江将军寿山坚决主张抵抗沙俄。他在沙俄重兵压境、形势危急之际多次上奏朝廷，历陈沙俄“乘我畿辅危急，日为增兵之谋”的事实，认为战争不可避免，“不得不战”。寿山的勇气与抵抗意志是毋庸置疑的，就连俄国人也不得不赞扬他是“满洲将军中最刚毅的”的一位。虽然东北平原的战场地形往往有利于俄国人在步兵和炮兵火力的最大射程上发挥他们装备上的极大优势，但为了克服黑龙江清军的抵抗，俄军还是付出了相当代价——仅是外贝加尔哥萨克的五个步兵营的伤亡就达到468人。

可惜的是，寿山的战略大有问题。黑龙江仅以一省之力抵抗兵力占绝对优势的俄军，却还兵分几路，分头迎战俄军。这实在是犯了兵家大忌，处处分兵、处处寡不敌众因此处处失利。假设他能把军队集中起来，一次迎战一路俄军——就像努尔哈赤在萨尔浒之战中所做的那样，清军获得胜利的机会或许就要大得多了。

更有甚者，寿山在对俄作战中还面临着同僚掣肘。他主张“先清内患，而后可以专力边防”，抢先拔掉俄国在中东铁路上的最大据点——哈尔滨。可是，当寿山调兵围攻哈尔滨，并约吉林军队同时动手时，长顺始主从缓，继以反对，致使黑龙江清军单独发动进攻，迅致惨败。滑稽的是，事后这位吉林将军居然得到了慈禧太后“长顺不肯会合攻哈（尔滨），自是老成持重之见”的表扬。这样一来，当8月29日俄军进逼齐齐哈尔（时为黑龙江省会）的时候，誓不投降而又智穷力竭的寿山除了用手枪自杀殉国，还能有什么别的选择呢？

彼得堡的如意算盘

俄军的最后攻势是在南方展开的。俄军从早先占领的营口出发，连克牛庄与鞍山、辽阳。1900年10月1日，俄军在未经有组织抵抗的情况下便进入了大清王朝设在关外的陪都盛京城。在此进军过程中，俄军据说只伤亡123人，包括死亡、重伤致死和炮弹震伤者军官1名、兵士41名。而一路之击溃的清军估计约为5万人、炮60门。从军事角度讲，这的确是个“赫赫战功”。虽然，就像英国特派军官内皮尔上尉所说的那样，“（1900年）8月间和9月上旬，俄国人无可置疑地犯下了大量不必要的残暴罪行，姑且不用更尖锐的词汇来形容这些罪行……”1900年10月

6日，南北各路俄军在铁岭会合。东北三省各重要城市和交通要道，至此全为俄军侵占。这一天，俄军总司令尼古拉二世沙皇陛下如释重负般写信给他的母亲："喜讯刚刚传来，我们的军队占领了沈阳…… 占领沈阳对我们来说，和当时占领北京同样重要。这样迅速和意外地结束了我们在远东的行动，使我们对上帝感谢不尽。"

接下来，摆在俄国统治者面前的问题就是处置"战利品"了。尽管战前乃至战争中，彼得堡一再地向全世界宣称俄国对"满洲"没有掠夺领土的野心，秩序一经恢复必定撤兵。但轻而易举的胜利仍然冲昏了俄国人尤其是军人的头脑，兼并东北的呼声甚嚣尘上。比如，那位攻克瑷珲的"功臣"格罗杰科夫就扬言，将阿穆尔河右岸还给中国对我们的阿穆尔河流域将是一种灾难性的结局，为此必须将清、俄边界大大向南推进，以大兴安岭、小兴安岭等山脊划界，"将额尔古纳河和阿穆尔河右岸以及乌苏里江左岸"的大片土地划入沙俄版图。南满俄军总司令阿列克谢耶夫海军中将的胃口更大，坚持占领整个"满洲"。秉承着一种典型的帝国主义逻辑，阿列克谢耶夫认为，英国与奥匈帝国"对埃及和波斯尼亚的占领是以秩序与和平利益的借口完成的"。因此只要俄国人脸皮够厚拒不撤兵，就可以让全世界的"抗议逐渐失去了意义"。

至于军人集团的领袖、陆军大臣库罗帕特金又是怎么想的呢？这位日俄战争中的败军之将后来极力为自己洗白："我们现在对于我们的边界是相当满意的，如果以并吞满洲任何部分的办法来改变这条边界，将是极不合适的。”但他写于1903年1月5日的日记还是暴露了自己的真实想法：“假使我们保有北满，则边界将缩短一半。”至于轻蔑地将陆军大臣的才能评价为“一位参谋部司书的水平”的维特，更在自己的回忆录里揭发，当义和团“暴乱”开始时，库罗帕特金却看上去容光焕发。当维特指责“这就是我们占领关东州的后果和贻害”时，陆军大臣居然兴高采烈地回答：“我却对这种后果感到非常满意，因为这一来，我们就有口实占领满洲了”，“必须使满洲成为类似布哈拉那样的状况”。

布哈拉汗国是一个存在于今天中亚地区的古国，1873年沦为沙皇俄国的“保护国”。虽然它在名义上一直存在到“十月革命”之后，但就像库罗帕特金自己炫耀的那样，俄国“以建筑通过它的铁路和把它包括在我国财政区域以内的办法，使我们获得了绝对的霸权”。

到了1900年末，俄国人真的打算将中国东北变成“布哈拉第二”了。10月5日，盛京将军增祺在逃亡途中被俄军在新民厅抓住。这就让他成了阿列克谢耶夫眼中的“奇货”——“不通过北京而直接与将军们谈判，这是完全适应目前形势和有助于实现我们在满洲的使命的”。他强令增祺派已革道员周冕为代表到旅顺口，和俄方“谈判”。周冕本是黑龙江的道员，因为贪污早已被革职。但他精通俄语，与俄国人交流没有障碍。这是他被俄国人看中的根本原因。其实根本没有什么谈判，阿列克谢耶夫早已经拟好《奉天交地暂且章程》的草案，周冕此去无非是带回草案让增祺签字画押走过场而已。虽然名为“奉天交地”，实则是要清朝“军队一律缴械遣散，收缴军械”，进而建立由俄国操纵的傀儡政权，对俄国在旅顺的长官负责，为俄军服务。

章程的规定实际上把辽沈一带完全置于俄国控制之下。11月13日，俄国外交部、财政部和陆军部召开联席会议，制定了《俄国政府监理满洲之原则》。“监理满洲之原则”不过是将上述“暂且章程”扩大到中国东北三省。用维特的话说：“这些要求就其实质而言将会把满洲变成俄国的省份。”1901年1月3日，伦敦《泰晤士报》揭露这“章程”时指出：“约文所说俄国驻奉天专员所拥有的权限与俄国驻布哈拉、英国驻扎印度土司辖境官员的权限相等。”实在是一语道出了“章程”的实质。

名不副实的“撤退”

《泰晤士报》是当时具有世界影响力的媒体。一经该报披露《奉天交地暂且章程》的部分内容，中外舆论顿时哗然，有所谓“增祺‘暂约’传出后，中外惊诧”之语。同样对中国东北怀有野心的日本就通过驻华公使小村寿太郎发出警告：俄国名义上是交还中国领土，其实质是占领中国土地；假如东三省为俄国所占，英国势必会学着俄国的模式占领长江流域的中国土地，德国势必会占领山东，到时候日本也不得不学着它们来争夺中国的领土了！清政府迫于各方面压力，立即将增祺免职（后改为革职留任），任命驻俄公使杨儒与俄交涉接收东三省事宜。沙俄提出书面约款12条，其主要内容大意为独占东三省和扩大在华势力范围。从1901年1月4日开始，杨儒与维特为首的俄国官员谈判22次，历时三个月之久。至3月24日，清廷明令杨儒拒签俄约，令俄国的外交讹诈落空。

《辛丑条约》签订后，八国联军撤出北京。这样一来，俄军再无赖在东北的任何借口。更何况，入侵以来的事实表明，尽管处于俄国的军事占领之下，东三省的人民绝没有屈服。一位游历东北的英国旅行家普特南·威尔写道："中国官吏尽量不与斯拉夫人来往；豪绅鄙视他们；商人剥削他们；沿铁路的普通人民学俄语，却用自己的语言侮辱他……"

于是，中俄终于重开谈判，于1902年4月8日在北京签订了《交收东三省条约》。这个条约共有四款，最核心的内容就是，俄军分三期撤出中国东北：六个月内，自"盛京省西南段至辽河"撤出；再六个月，撤出盛京省其他各地和吉林省内俄军；再六个月，撤出黑龙江省内俄军。可是，居心叵测的俄国人还是在条文里添上了这样一段话："如果再无变乱，并他国之举动亦无牵制，即将东三省俄国所驻各军撤退。"

所谓"变乱"或者"他国之举动亦无牵制"，解释权自然在彼得堡不在北京。这等于是为俄国随时毁约埋下了伏笔。比如，在盛京一带的俄国驻军，本来在1903年4月8日就撤走了，但沙皇俄国随即以保护铁路等为借口，在10月派兵"回据奉省，坚守城门，强占衙署"，甚至升起了俄国的三色国旗。

实际上，沙皇当局只是迫于形势才勉强履行了首期撤兵的约定。在他们看来，"满洲"已是自己的囊中之物。因此，到了

1903年9月，沙俄照会清廷外务部，提出七项新的要求，“大意谓矿务、铁路、税银、行政权、兵权归伊掌握”。对此后果，连清廷也一清二楚：“如果属实，则虽（东北）地面交还与不交还何异？”

如此蛮横之举，导致全中国出现了规模浩大的“拒俄运动”。上海各界人士举行了“拒俄大会”，并以“驻沪各省绅商”和“十八省国民”的名义向外务部连发两电表示抗议。章太炎则在《驳康有为论革命书》一文中说：“今者满洲故土既攘夺于俄人，失地当诛。”1903年4月29日，500余名留日学生更是齐集东京神田锦辉馆，呼吁中国政府对俄宣战并电请北洋大臣袁世凯出兵，同时决定成立拒俄义勇队，要求开赴东北前线抗击沙饿侵略军。第二天，即有黄兴等130余人签名入队……

另外，对于俄国对东三省不加掩饰的野心，“不可能幻想，在远东具有利益的其他几个主要强国，能够漠不关心”。距离沙俄出尔反尔妄图成为“满洲的主人”还不到半年，1904年2月8日，日本联合舰队偷袭旅顺口，在中国领土上挑起了日俄战争。这本是一场赤裸裸的帝国主义狗咬狗的战争，但俄国多年来的背信弃义及俄军在东北的残暴行径，还是让不少清朝民众乃至朝廷官员，希望俄国战败。日俄开战后，贵州巡抚就建议宣布“局外中立”的清廷暗中帮助日本：“俄胜势必吞并（东北），日胜无非索酬，两害相形，则取其轻。”

最终，庞然大物一般的沙皇俄国被东洋蕞尔小国战败。维特当然不会放过攻击政敌库罗帕特金的机会：“我们的军队在中国恣意横行，就像敌人对待一个被占领的国家一样，况且这又是一个亚洲国家。这一来，就形成了一个势必爆发灾祸的基础。”“这一政策的另一个结果就是我们进行了一场丧权辱国的对日战争，这场战争使我们在各个方面都一蹶不振，降低了我国的威信。”

这就是沙皇俄国在庚子年趁火打劫的最终结局。

（文 / 郭晔旻）

迷雾中的勤王、革命与保皇

1898年9月21日，慈禧太后悍然复出训政。她囚禁光绪帝，尽罢“百日维新”政条，并诛杀皇帝近臣谭嗣同等六人（史称“戊戌六君子”）。在刑部大狱，谭氏留下的著名的《狱中题壁》中有名句云：

我自横刀向天笑，
去留肝胆两昆仑。

“两昆仑”何所指，百年来各作郑笺。一般认为，是康有为和义侠“大刀王五”，但两湖人士却一致觉得，“两昆仑”者，就是肝胆相照的两位挚友，谭嗣同本人和唐才常。谭、唐二人，同籍、同学、同志，相视为昆弟，时人目之为“浏阳二杰”。谭嗣同在变法运动高潮时，电召家乡的唐才常进京，共图大业。没想到后者才到汉口，就接到京城噩耗，前者被杀。

自此，唐氏心中燃起熊熊的复仇之火。他抛妻弃子，流亡南洋、日本，正如其好友所言，“唐才常愤国事之日非，恸友仇之未报，乃奔走各地，联络同志”，最后爆发点，正是1900年8月的自立军起义。众所周知，起义失败，唐氏被杀于武昌。临难时，他赋诗一首，其实只是一条联句：

七尺微躯酬故友，
一腔热血溅荒丘。

“故友”者谭嗣同也。唐才常虽然因大举未成而内心不无遗憾，但毕竟用生命回报了好友的殷殷寄托。然而，康梁党在发表这首诗的时候，改了后一句：

七尺微躯酬故友，
一腔热血浇皇宫。

由“溅荒丘”而“浇皇宫”，作者满心凄凉一跃升华为保皇勤王的豪迈。又过数年，辛亥革命胜利，在一本1913年发行的小册子中，革命党人又修改了诗句：

七尺微躯酬故友，
一腔热血洒神州。

烈士的一首诗而有三种版本，既显示出他深得各方景仰，但其政治面貌之模糊，也俾以被各派所解读利用。自立军起义更是如此，这场庚子年最关键时刻、在中国地缘地理处于核心位置的武汉爆发的革命有着如此复杂的面相和诠释，并不纷乱的史料经人解构，却有着丰富的猜测和指向。1900年，迷雾中的勤王、革命与保皇被笼罩得越发神秘。

兴汉会

清代传统的“反清复明”地下会社，统称为“三合会”(或“三点会”)，但源深而流变，随着200年的发展，至清末，其川陕部分称作“袍哥”、湖广部分称作“哥老会”、粤港部分称为“洪门”。虽然孙中山亲身加入洪门还要到1904年初，但其创立的兴中会利用会党进行反清革命，则是事实。戊戌变法后，康有为、梁启超避地海外，以钦差大臣自命，将保皇救驾作为募款口号，同一贯反抗朝廷的三合会更不可能有多少瓜葛。但唐才常的出现，使得秘密会社、革命党、保皇派，竟然找到了一个结合起事的枢纽。

1899年夏，唐才常出国拜见康有为。后人分析，时康梁师徒方在海外大倡保皇会，建议筹款起兵勤王，其眼中之徐敬业，舍唐（才常）莫属。确实，康梁为代表的维新派中多知识分子，少有海隅枭雄或江湖豪杰。唐才常固然也是读书人出身，但他那种被复仇精神所灌注的死士气概，是康梁所急需的。

唐才常领受了康梁发动勤王起义的部署后，有一则流言在海外的两湖籍留学生中四下扩散，说唐氏从康有为处领款3万元作起事经费，意图在长江流域发动大规模暴动。若此事推进顺利，保皇会后继经费30万元源源而来。至少，毕永年听到了这消息，并将其告知了孙中山。

毕永年，长沙人，和谭嗣同、唐才常年龄相仿，也是同学和好友。他性格粗豪、言行激进，少年时即涉足江湖，30岁不到已经是当地哥老会的“龙头”。谭氏对其也十分依赖，维新时期带他一起进京，视之为幕僚和保镖。但某一天他却愤然南下，脱离了维新派队伍。对此原因，各有说辞，毕永年自己的理由，是不齿康有为策划的“围园杀后”之阴谋，即包围慈禧太后居住的颐和园并杀之，且诛一班保守派大臣，如此帝位方可稳固，革新方可长久。毕氏认为如此阴鸷行径非但不是正路，还会将维新运动陷入绝境。果然，他人还没到上海，噩耗发生，“六君子”殉难。毕永年剪去辫发，烧掉护照，直接上船去了日本，决定同寓居于横滨的兴中会领袖孙中山联合，共计反清大业。

唐才常受保皇会之命筹划勤王运动的时候，恰好孙中山也在部署珠江流域和长江流域的起义，党人史坚如负责后者，协助者就是留日学生吴禄贞，他是湖北云梦人。此时的兴中会之于湖广地区的革命，有领袖、有干部，因毕永年在哥老会的地位人脉，也算有群众基础，但就是缺乏经费；而唐才常除了充裕的财政后援，则一无所有。因此，两派的联合水到渠成。更何况，唐氏和毕永年其实完全是同一类人，臭味相投，只是前者同谭嗣同亲厚，因此倾向康梁，后者鄙薄康有为人品，因此倾向兴中会。

1899年秋，毕永年将唐才常介绍给孙中山，二人相见于横滨旅次。“我出人你出钱”的合作固然毫无问题，唐氏还被孙氏的思想、品格、风度吸引，认为孙而不是康有为之路才是中国的未来。在唐的发动说服下，康氏大弟子梁启超竟然领衔上书其恩师，认为中国只能“改造共和政体”，非但“保皇”行不通，连帝制都不符合天下大势。如果光绪帝贤明，大可退位后由国民选举为总统。此信最后一句话尤其伤人：

> 吾师（指康有为）春秋已高，大可息影林泉，自娱晚景。

这封史称“劝退书”的文件给了康有为极大的震撼。他必须再次确认梁启超、唐才常的忠诚，及其在自己事业中的地位。

孙中山这边，因唐才常加盟，经费既已无虞，即命毕永年放手发动湖广哥老会加入团体。10月11日，兴中会、哥老会、洪门各首领于香港集会，陈少白、毕永年、郑士良、李云彪等出席会议，成立忠和堂兴汉会，并遥奉孙中山为总会长。日本友人宫崎寅藏也参与并见证其事。

其后，宫崎和陈少白一起离开香港，赴日本向孙中山汇报会盟详情及今后计划。11月9日，二人抵达横滨，约孙氏一起去东京，同梁启超、唐才常商议在湖广地区的策动。

此时的局面皆大欢喜。唐才常非但提供经费，也命好友兼部属林圭、秦力山等归国，在汉口英租界开设旅馆以作掩护，日后即为革命指挥机关。后来秦力山回忆：“庚子之大计划，实始于此。”兴中会决定也派遣吴禄贞等留日学生一同回国举事。送别林圭、秦力山一行的宴会设于东京红叶馆，史称“红叶馆饯别”，这是兴中会、保皇会关系融洽之最高潮，孙中山、陈少白、梁启超、唐才常等重要人物悉数出席。

历史的聚光灯瞬间照射到唐才常身上。他现在有经费、有人脉、有干部，保皇派、革命派因他而和解，哥老会、洪门因他而结盟，他几乎可以调动江淮、两湖、粤港、海外的所有反清廷分子。在慈禧太后对立面，他成了权势最大的人。

就在此时，康有为动了动他的小拇指。

富有山

兴汉会刚成立，内部就发生了裂痕。湖广哥老会首领李云彪等人于会盟后滞留香港，才发现兴中会的经费捉襟见肘，幕后金主其实是保皇派。正巧，11月初，康有为由北美经日本抵达香港，得知情况，赠李云彪等人每位数百元。这些哥老会领袖遂败盟而去，不再同兴中会发生关系，而成了忠实的保皇派。从某种意义上来说，兴汉会即使还存在，盟主已不是孙中山。当然，如果唐才常还奉康氏号令，哥老会仍能为唐氏所用。

康有为非常满意，自己非常轻易地就将两湖如此庞大的地下势力抢到了手里。因此收到梁启超、唐才常、林圭等弟子起草的那份“劝退书”的时候，并不是十分介意。正在此时，梁氏身边的另外几位康门弟子也开始担心其忠诚，“移书康有为告变，谓卓如（即梁启超）渐入行者（即孙中山）圈套，非速设法解救不可”。康氏收到信件，却起了另一番心思。之前，孙中山在日本办中西学堂，被保皇派纳入囊中；当下，陈少白在香港组建帮会联盟，被保皇派纳入囊中；其后，趁孙氏对梁启超的信任尤深，能否把兴中会的根据地檀香山也纳入囊中呢？

康有为果然没有判断错。他认为梁氏对自己的忠诚仍旧可靠，以及孙中山对梁启超的不疑有他，都是事实。梁氏收到康有为信，要求自己摆脱孙氏的思想影响，转而去夏威夷发展。“梁濒行约中山共商国事，矢言合作到底，至死不渝。”梁启超还“以檀岛为兴中会发源地，力托中山介绍同志”。孙中山则胸襟坦然，“乃作书介绍于其兄德彰（即孙眉）及诸友”。

梁启超甫一上岛，就利用孙中山人脉结交孙眉和当地豪杰，并加入洪门。他为人机警聪慧，能言善辩，到1900年3月，才三四个月即利用地下会社和华侨富商成立保皇会，并声称将发动湖北起义而筹饷达10万银圆之巨。“（中山）闻之，谓梁失信背约，驰书责之，然已无及。”兴中会失去了这一募款基地，经费也就更加短缺了。

革命党和保皇派的逐渐分裂，并没有影响唐才常回国后的系列举动。先是1900年初，慈禧太后立溥儁为大阿哥，这显然是要废黜光绪帝，国内舆论哗然，“勤王”成了风行一时的口号。唐才常有鉴于此，在上海口呼笔写，莫不是“勤王”二字。他敏锐抓住这一当时的反朝廷人士中的最大公约数，对维新派则曰“保光绪帝”，对革命党则曰“庶政公议”，对留学生则曰“保国保种”。但这只是表象，唐才常不过想借此团结大多数罢了。至于真正的意识形态追求，非常清晰地体现在他创立的会社名称上——“自立”。

清末民初常有“自立”或“独立”宣言，即各省摆脱中央政府控制而自行其是。唐才常的“自立”内涵则要宽泛得多，要言之，否认清政府统治，兵力所及之地即拥有主权和治权。当然，各派仍能各自解读，如保皇派就能诠释为否认慈禧太后统治，解救光绪帝并扶持其政权就是“自立”。

唐才常此时和湖广哥老会互通声气，用他们熟悉的方式来筹备起义：开辟“富有山堂”，发放“富有票”。会党支部，于两粤称“堂”或“堂口”，于两湖称“山”或“山堂”。如兴汉会就隶属洪门“忠和堂”，而前述叛孙投康的李云彪，则隶属哥老会“腾龙山”。秘密会社招揽成员时都会发行“票布”，纸质石印，既是会员证，也是会员费的缴纳凭证。唐才常将自立会设于地下会社的分支称作“富有山”，发放的会员证称作“富有票”，据后来张之洞认为：“其命名盖暗寓‘富有四海’之意，实属悖妄已极。”

然而，如此开山发票的行径，给唐氏后来的事业伏下了不祥的暗线。晚清哥老会各山头发放的票布上，都有一两句通俗易懂的政治口号，而以“扫清灭洋”为多数。如此宣示早就令洋人尤其是英国人极为厌恶，他们一向认为哥老会是群邪恶的暴徒。现在“富有票”上的口号虽然只是“救国保民”，但发行票布这一行为本身，就让英国侨民认为，唐才常的自立会，只是恐怖组织的公开化而已。

“富有山”的主要成员固然来自秘密会社，其中高层干部却大多来自兴中会，他们当然会奉自己的领袖孙中山为“极峰”（信函中简称“中峰”）。事实上兴汉会无形解体后，孙氏再也没有关心过长江中下游的革命运动，无论是“勤王”还是“排满”，但如此尊崇中山，毕竟引起了康有为的强烈不安。唐才常在他心目中的地位，已经岌岌可危了。

自立军

自立会在“地下”设立“富有山”，在“地上”则于上海张园开设“中国国会”(又称“中国议会”)，史称“张园国会”，以改良主义者容闳、严复为正副会长，以“保全中国自主”和“以立宪自由之政治权予人民”等朝廷容许公开讨论的议题为宗旨。为了求得最大限度的合法性，自立会的公开名称是“中国国会汉口分部”，同时成立的武装组织则名曰“中国国会自立军”。

身为湖广总督的张之洞对于以汉口为核心的自立会运动，当然心知肚明，但他一直犹豫到底是继续优容还是痛下杀手。此时已经是1900年初夏，大批义和团成员涌进北京，无论对于朝廷还是列强而言，局面开始失控。作为封疆大吏的张之洞自然明白，此时维持地方稳定是第一要务，既不能主动引发社会动荡，也要保持洋人在辖区的克制和权利。唐才常曾是张氏创办的两湖书院的学生，说起来二人还有师生之谊；更重要的是，张氏想当然认为，西化的维新派甚至革命党，背后都有列强支持，如此敏感时局，还是少作触动为好。

事实上，列强中尤其是英国政府，确实深入地渗透进了“南中国”的政治安排。据说英国驻沪领事曾对唐才常许诺，只要自立军不杀洋人、不焚教堂，驻华英军将保护其起义。香港总督卜力即奉伦敦训令，试图劝说两广总督李鸿章于辖区独立，甚至建议孙中山来辅佐。为了商议这一目标的可行性，以赌业发家的广州士绅刘学询，因是孙氏的同乡老友，又深得李氏信任，遂穿梭在二人之间，密谋一些真真假假的安排。

之前，刘学询在李、孙之间已经有过一轮沟通——李鸿章试图利用孙中山及其组织，暗杀康有为。那是1899年11月末，李鸿章急电刘学询，说奉谕旨一定要捕杀（或绑架）刚到香港的康有为，问孙中山能否执行？刘学询回电："孙未复，或尚迟疑。"后又回电："候孙来商截南洋之路，防逆（指康有为）闻此次诏捕外窜。"似乎刘氏已有部署，康有为即使闻讯逃离香港，孙中山也会在南洋截住其去路。但此事其后再无下文。

迨至1900年6月，在卜力的安排下，孙中山为"南中国独立"事宜，从横滨启程抵达香港。据说是为了防止李鸿章绑架孙氏，宫崎寅藏自告奋勇前往广州同刘学询谈判，孙则留在香港洋面的小船上。会谈一无结果，孙氏继续航行，前往西贡，宫崎则去新加坡拜访康有为。

后面发生的一连串事件，就显得光怪陆离了。宫崎求见，康有为不出面，给了100银圆想打发了事。前者坚持不走，遂有当地英国巡捕将他拿下，竟然从身上搜出银票近3万元和武器，于是认定他是前来谋害康有为的刺客，这些钱就是酬金。宫崎解释，这3万元是10天前在广州时刘学询给他们的"贷款"，但无人相信。最后殖民当局判决，将宫崎驱逐，并5年不得入境。

这件事到今天还没人能说清，但自由心证之下，相信当事人都有自己的判断。孙中山十分失望，在很长时间内丧失了对日本同志的信心。康有为则坚定认为孙中山及其党徒已经是危及生命的劲敌，一定要同他们完全切割，连利用之心都不能存半分了。于是，他彻底断绝了对唐才常及其自立军的费用支持。

1899年夏秋，唐才常从保皇会领取3万元经费，虽然已是天文数字，但迄今一年，差不多消耗殆尽。康有为早就承诺的“源源接济”乃至30万元之巨，却一枚银角子也没看到。那些为了大洋前来依附的哥老会群豪，一方面花天酒地，使得原本就接近枯竭的经费消耗殆尽；另一方面看到没有新资金注入，要么像李云彪一样脱离“富有山”另立山头，要么公然在汉口街市抢劫纵火。

据老革命家、留欧学生加入同盟会第一人朱和中在《建国月刊》第二卷第五期（1930年）发表的回忆录可知，费用和信用都濒临破产的唐才常为了挽留江湖弟兄，“乃与约，令其事成，准其大抢武汉三日”。朱和中的人品向来可靠，他这项指控，在后来查抄自立军汉口机关时，得到了文件佐证，所谓“劫掠库局，占据城池，焚毁三日，封刀安民”，至今读来，仍令人毛骨悚然。

汉口商民得知自立军（以哥老会力量为基础）的这一计划，加之抢劫纵火已经开始，立即要求英国驻汉领事维持秩序。英领事当下催促张之洞下令捕人。后者确信唐才常并不受英国庇护，甚至成了其敌人后，迅速将自立军汉口机关摧毁，所逮治的唐才常等20余人，也于8月23日凌晨，于武昌紫阳湖处决。

秦力山、吴禄贞则于几天前先期在安徽大通发动起义，力抗清军几天后，发现计划中的汉口援军并没有到来，只能解散队伍，分头逃遁。后来，众所周知，吴禄贞经日本军校毕业后长期潜伏于新军，在11年后的辛亥革命中，发挥了重要作用。

（文 / 克念）

东南互保：大清国在庚子年的奇观

在庚子年诸多光怪陆离的景象中，最令人不可思议的一幕莫过于，当大清国的北方正在与“八国联军”殊死战斗时，帝国东南各省的封疆大吏却在与同样的敌人翩翩起舞，进而弄出了一个《中外互保章程》，以图与洋人相安无事。

山雨欲来

光绪二十六年（1900年）春天，义和团的狂飙巨澜自山东北上，迅速伸展到清朝心脏地区的北京与直隶天津、保定一带。他们打起了“扶清灭洋”的旗帜，展开了一场声势浩大的反帝群众运动。统治者惊慌失措，“剿抚两难”，陷入民众反侵略熊熊火焰的包围之中。近现代戏曲理论家齐如山当时正在京师同文馆求学。根据他后来的回忆，当时京城很多人“纷纷逃避，回南方的、回家乡的很多，同文馆自然就停办了”；“大家多逃走躲避，我也赶紧返回高阳家乡，岂知家中比北京更乱，乃随先君及全家逃往易州，因遭大难，不得已只好又往北京逃”。至于洋人，更为之惊呼，“拳民之旗帜，已飘扬于空中，鲜红之布大书‘扶清灭洋’四字，仿佛吾欧人之血所染也”。

相较北方，南方的反洋教斗争声势逊色不少。两江（下辖江苏、安徽、江西）是东南的门户，鲁西南和皖北、苏北地区的“大刀会”刚刚兴起时，刘坤一就意识到了危机的严重性。对此类“会匪”（指义和团），其态度向来明确：“名为忠义，实则叛乱”“贼势如此，以剿为宜”。早在1896年，刘坤一就下令麾下清军对来自“（两江）境外”的“会匪”“实力防堵严护”并“就地严惩”“以期净绝根株”。马良集一战清军伤毙大刀会二三百人，令其势力受到重挫。日后义和团没有大规模南下活动而受限于北方，与刘坤一的“铁腕政策”不无关系。

饶是如此，1900年的春夏之际，在义和团运动的影响下，江南一带虽然还算平静，但南京、上海、杭州、汉口等地都出现了义和团的揭帖，甚至上海街头也有不少人在练习拳术。日本驻沪代理总领事小田切万寿之助向东京报告：“（义和团）其余势由长江波及南清，地方似有不稳情形……又据传闻，目下有三四十名团匪间谍混入租界，其真伪难以判断。”

在一片山雨欲来的肃杀气氛中，商贾裹足、百业萧条。上海是当时的全国对外贸易中心，进出口总值占全国一半以上。自义和团运动后，“向为进口货第一大宗的洋纱、洋布，三月以来，进口货极少”。其他洋货如火柴、玻璃、生铁等，无不是“销路陡减，价骤跌落”，“业此者均亏甚巨”。短短几十天内造成的损失就达一千多万两。与此同时，上海钱庄平日主要依赖外国银行短期拆放，扶持中小工商企业。因“人心不靖”，沪上市面银根吃紧，银拆洋价飞涨，每元涨六至七分，严重影响人民的正常生活，甚至有因生计无着，被迫“投江自杀者”。上海如此，其他商埠情况更糟。据湖广（下辖湖北、湖南）总督张之洞估计，仅1900年2月至4月，东南诸务损失至少数十万两。厘金商税短收600多万两。清廷的地方大员为此担心，如果战事波及南方，势必土货不能出洋，商民不能聊生，食利者生计并绝。

所有这一切，都使得“十里洋场”里的冒险家们胆战心惊：义和拳运动正在发展；如果天津的联军不能制止它，那么，它将扩大到华中和华南，并成为一个全国性的运动，结果将驱逐或杀死内地的所有外国人，而且使外国贸易遭到彻底毁灭。

在19世纪末期瓜分“势力范围”的狂潮中，长江流域已被英国人视为自己的“禁脔”。而上海更是其投资最多、利益最大的地区。1900年6月14日，英国驻上海代总领事霍必澜因此急电英国外交大臣索尔兹伯理伯爵：长江流域的任何骚乱将会造成巨大的损失。汇丰银行也在发往英国外交部的函件中指出：英国在上海的货物和财产的价值估计有数百万英镑；而且目前在（英国）国内退休的人们中，有很大一批人依靠从上海的财产中所得到的收入过活，每年从100镑到300镑不等。因此，上海即便是遭到部分破坏，也将造成最严重的灾难。

如果说，商业利益本已刺激了英国人的神经，独占长江流域的野心更让伦敦的帝国主义者蠢蠢欲动：清朝总督的身旁应该伴随着英国顾问的影子，从而让英国在长江流域建立起一个“埃及式”的保护领地。索尔兹伯理伯爵也在向俄国建议时泄露了“天机”：列强除组织联军在中国华北“统一行动”之外，还应“个别地及独立地在它自己的利益范围内行动”。

于是，伦敦的反应出乎意料地迅速。6月15日，霍必澜与英国驻汉口代理总领事法磊斯同时获取授权，通知清朝的两位实力派人物（两江与湖广总督）：“假若他采取了维持秩序的方法，他将要受到帝国海军的协助。”第二天，皇家海军派出“仙女”号、“红雀”号军舰分别开赴南京和汉口，原先驻泊香港的“无畏”号则驶往上海吴淞口待命。当时从苏州到上海小住的小说家包天笑忆述当时的场景：“那时候，北方正在闹义和团，风声鹤唳，时常有种种谣言……有一天不知从哪里来了一个谣言，说是洋兵要占领上海，军舰已开进吴淞口了。中国人那时是最容易相信谣言的，这个谣言不翼而飞，便到处宣传，人心纷乱了。”

暗流涌动

面对洋兵入侵的传言与英国外交官口中不怀好意的“援助”建议，突然处于风口浪尖的刘坤一（两江总督）与张之洞（湖广总督）又该作何决断呢？

若是刚毅与毓贤这样“仇教排外”的地方大员，对此自然别无二话：扶助义和团民，烧教堂、除洋人，说不定还会把英国“说客”斩首祭旗也未可知。而当时的南方督抚，尤其是刘坤一、张之洞等人是较早与洋人打交道的“洋务派”官员。两人在长期兴办洋务的过程中，眼见西方船炮的威力，更直接感受到了西方物质文明的发达。阅历与见识告诉他们，依靠毫无战争经验的群众组织起来的团民绝对无法战胜船坚炮利的列强，而朝廷必然会因纵容义和团运动而招致苦果。

因此，当义和团运动在直隶高涨时，张之洞曾在1900年5月31日电奏总理各国事务衙门，义和团“势甚猖獗”“法所当诛”。不久，刘坤一也表态“应一意主剿，痛剿一二股，则余股自灭”。当联军北犯后，刘、张鉴于形势的严重恶化，又于6月15日会衔致电朝廷，力陈“从来邪术不能御敌，乱民不能保国”，要求速剿义和团，严厉惩办“拆路焚屋之徒”，解散胁从，避免引起外国人的干涉。

不管朝廷是否接受他们的意见，东南督抚已在自己的辖区内实行对内镇压、对外妥协的政策了。按照金陵关税务司韩森的说法，刘坤一屡次声明不管（慈禧）太后的意图如何，他决心照自己的方针行事。6月15日晚间，许多高级官员在（两江）总督衙门聚会，决定用坚决手段镇压这一地区的骚乱。两江方面不仅增加了南京省城的门卫，保甲局巡查从8名增长到了26名，各营长官亲自在夜间出巡。上海、镇江道台均依照刘坤一的命令张贴告示，严密防御，水陆协同。那位韩森就相当满意地指出：“我相信外国人在南京比在别处还安全，虽然有排外的揭帖，但一贴上就被扯下来，换上意义相反的告示。总督出告示把义和团叫作暴徒，并悬赏缉拿。兵勇经常在街上巡逻。”

湖广方面的情况几乎如出一辙。张之洞断然下令：“已添重兵，出告示饬州县禁谣拿匪，敢有生事，立即正法；所有洋商教士，力任保护。”江汉关税务司何文德向总税务司赫德报告，湖广总督决心维持秩序，并不惜代价采取了有力措施。衙门派出特别暗探，稽查坏人，生人（指中国人）来去和住址都要报告登记。发现了任何小乱子，就马上严厉处理。这位洋人因此断言，只要他（张之洞）在这里，除非有非常的意外，一般不至于发生严重事件，他和两江总督同心协力，决意维持秩序，保护洋人。但是，张之洞同时也婉拒了英国人军事援助的“好意”——英国军队一到，别国的军队也就跟着来，“那好比火上加油，后果如何，他就不能负责了”。东南督抚的态度由此已经呼之欲出：主剿义和团、避启外衅，转向主动向外国人担保在长江流域“自任保护”——也就是后世所说的“东南互保”。

究竟是谁首先正式提出了“东南互保”的想法呢？迄今仍是众说纷纭。最有影响的一种说法是，东南互保倡于盛宣怀。不但《清史稿》里记载“(光绪）二十六年，拳祸作，各国兵舰纷集江海各口。(盛）宣怀倡互保议……”连盛宣怀本人后来也将自己促成东南互保作为其一生中最大的“亮点”：即如保护东南，非我策划，难免生灵涂炭。

1900年6月20日，盛宣怀在得知英军欲入长江“协助”刘坤一和张之洞维持秩序时，立即致电刘坤一：“英领事要我请其保护，是其伪术，若为所愚，各国必不服。”他告诫刘、张万不可中了英国的“圈套”，主张自保东南，抵制列强的武装干涉阴谋。3天后，正是身在上海的督办卢汉铁路大臣盛宣怀邀集“状元实业家”张謇等人在沪会商互保办法，“东南互保”由此进入实际运作阶段。会后盛宣怀致电处于关键地位的两江总督刘坤一，正式提出了中外订约互保，以保全商民人命财产为至要，否则，不仅东南同毁，挽回全国亦难。

盛宣怀把道理说得大义凛然，其实倒也颇有“精致利己主义”的私心。作为当时大清国首屈一指的“官商”，盛宣怀此前在长江流域和京津地区拥有大批实业。北方战事蔓延以后，盛氏设在当地的企业损失惨重。与人合开的专事米麦棉豆生意的“华大北号”被迫歇业，由他督办的通商银行天津分行被迫关闭，因战乱而无法收回的款项达14万两银子；通商银行北京分行被焚掠一空，加上无法收回的款项，损失达40多万两。当时在长江流域，盛宣怀所控制的企业有轮船招商局、上海电报局、华盛纺织总局、中国通商银行、汉冶萍公司。它们都是当时中国规模较大的企业。盛宣怀自然清楚，长江流域一旦变为战场，今天的华北就是明日之东南。无独有偶，张謇也是如此。他听到义和团在北方兴起的消息后，“忧心如焚，鬓毛渐白”。他所担心的也正是义和团南趋苏北，毁掉自己刚刚开工的南通大生纱厂。可以说，他们所策划的“东南互保”，既是保中国、保东南、保上海，也是为了保自己。

督抚抗旨

正当“东南互保”谈判进行之际，从北京传来一个如同晴天霹雳的消息。就在盛宣怀致电刘坤一时，袁世凯（山东巡抚）从济南给刘坤一、张之洞、盛宣怀等人发来密电，告诉他们清廷于6月21日（五月二十五日）已经下诏“宣战”，并已寄谕各省督立即“抚团御侮”，准备与外国开战。这篇诏书称义和团为“义勇”，颂扬“慈圣”即皇太后的“恩德”，指出在列强发动战争的情况下不得不宣战的理由，文字倒是颇为慷慨激昂。但不久之前在胶州湾登陆的一队德军还都不敢抵抗的清廷，面对八国联军，竟敢于宣战，实在也是出乎列强意料了。英使窦纳乐就说：“很显然，如果中国政府方面要挑起同所有欧洲国家、美国和日本的争端，那将是发疯。同时，没有人认识到这个可能性，即中国政府事实上将要发疯，而且它将做那些当它仍然清醒时决不会想象到要做的事。”

无论如何，这道诏书对正在进行中的旨在维护中外相安局面的东南互保计划不啻是当头一棒。摆在张之洞、刘坤一等人面前的无非是两条路，一是遵旨开战，二是抗旨保持和平局面。对于任何一个大清国的臣子来说，“遵旨”都是最基本的官场原则。“抗旨”则不但可能身败名裂，还可能招致灭门之灾。但张、刘均非昧于外情、冥顽不化之辈。甲午战争之时，中日差距不大都以败北而终，遑论与全部列强争锋呢？对于身在宦海数十年的这些封疆大吏来说，败是肯定的，难不成与慈禧太后一起陪葬不成？

当时的形势可谓千钧一发，中外业已开衅，清廷下发各省督抚“招拳御侮”的上谕正在南下途中，可是外国列强能否接受“互保约款”尚不明了。上谕内容一旦泄露，不仅会引起东南社会的骚动，而且会大大增加谈判阻力，使他们在谈判中处于骑虎难下的尴尬境地。由于义和团最活跃的华北尤其是京津地区和西北的山西境内，电线和电杆遭到严重破坏，盛宣怀所掌握的上海电报局成为全国情报枢纽，清廷以及各地（包括清政府驻外使臣）的重要情报大多经过上海转达。利用这个有利条件，截获“宣战”上谕的盛宣怀立即致电刘坤一、张之洞、李鸿章（时任两广总督）等南方督抚，建议扣押“上谕”，并指示各电报局接到有关上谕后只准密呈督抚，不准大肆声张。

即便如此封锁消息，按照正常情况，6月21日（五月二十五日）的正式“宣战”上谕通过“六百里加急”在6月25日前后就会到达南京。换句话说，留给东南督抚决断的时间，也只剩这么四五天了。刘坤一在张謇的劝说下，终于下定决心：“头是姓刘物”（我这颗脑袋姓刘！）他电告张之洞：“时事至此，身何足惜，保守东南，实顾全局，一涉孟浪，祸在眉睫。”张之洞也赞成刘坤一的“互保”主张，认为“目前计亦只合如此羁縻”。两人电商结果，决定“议不从旨”，“即刻飞饬上海道与各领事订约”。他们又征求两广总督李鸿章的意见。这位大清国最著名的“糊裱匠”当即表示：“二十五诏，粤断不奉，所谓矫诏也。”尽管当时的东南督抚们业已认定，清廷已被端王、刚毅为首的顽固权臣所掌控，但始终没有哪位地方大员胆敢首先公开指斥清廷上谕为“矫诏”。李鸿章首发“矫诏”之论，大大推动了督抚们推进“东南互保”的信心——凡五月二十四日以后的谕旨皆系“矫诏”，概不奉行。

6月26日下午3时，上海道台（正式官衔为“分巡苏松太常等地兵备道”）余联沅与盛宣怀等人与各国驻上海领事在北浙江路（今浙江北路）的会审公廨举行会议。这时，正是北京的义和团和甘军在载漪的带领下向教堂和使馆大举进攻的时刻，也是渤海海面上各国联军向大沽炮台攻击的时刻。而在上海滩上，经过谈判，中外双方当日即议定《东南保护约款》(又称《中外互保章程》)九条，规定上海租界归各国共同保护，长江及苏杭内地均归各督抚保护，两不相扰。根据这一章程，又另行订立了《中西官议定保护上海城厢内外章程》十条，规定上海租界由各国巡防保护；上海道添募巡捕，在华界内外昼夜巡逻，严拿流氓。各国海军将领及其政府认识到，“直隶以外的各省如果实行有效的中立，那么，军事上极其不确定的局面就会排除”。从确保军事入侵的胜利着眼，列强虽然在签字问题上有所保留，但均一致同意中外“互保”。为此，上海领事团于6月27日特意致函余联沅，对盛宣怀、刘坤一与张之洞表示感谢和“最高的赞美”。

到了第二天，即6月28日，清廷的宣战诏书终于在上海等地哄传开来。盛宣怀电询刘坤一、张之洞是否坚持原议，刘、张当即表示无论北方事情如何，仍照所议办理，断不更易，一切后果由他们两人一力承担。上海各国领事见刘、张态度未变，乃照会上海道余联沅维持所议，互保约款遂在事实上开始实行。

不了了之

所谓“互保”的重点，在于上海。7月间，公共租界的万国商团增设日本队和海关队，使其成员由一年前的245人增加到855人。商团还加强训练和演习，内容“悉属正式军队的训练知识，并参以上海当地的实际情况”。不久，英政府增派印度兵

3000人到达上海。法租界方面也于6月下旬成立防务委员会。8月中旬，法国水兵百余人到达上海，紧接着法属越南的步兵250人也在上海登岸。以后各国军队陆续到沪，兵营几遍全埠，游弋于黄浦江、吴淞口的外国军舰增加到二三十艘。

与此同时，上海地方官员也加强了对人民的控制。余联沅贴出布告，严禁谣言，保护洋人。刘坤一则调集军队驻扎在徐州、皖北一带以阻止义和团南下，并把江南制造局的新式毛瑟后镗洋枪发给清军，水师炮船十几条一起摆在黄浦江边。经过这些精心布置后，《申报》在1900年7月8日评论：上海一隅已金汤永固，即东南沿江各郡邑，亦断不致匪徒蠢动，风鹤惊心矣。为了贯彻“东南互保”方针和扩大互保地区，刘坤一、张之洞和盛宣怀还分别致电东南各省督抚，说明实行互保乃委曲求全之策，要求他们顾全大局，一律照办。于是，互保范围由原来二总督辖下的苏、赣、皖、鄂、湘五省扩大到南方10多个省份。

这一“东南互保”，在整个中国近代史上是一个相当重大的事件。它似乎是一个难以解释的奇怪现象。一个国家的中央政府已对入侵各国宣战，地方政府竟与敌国订立协议，保持和平状态。翰林院编修夏寿田就因此弹劾刘坤一、张之洞和李鸿章：“夷兵内犯以来，君父战于西北，臣子和于东南，乘辇播迁，而天下不知急难，疆臣乞降，而士民不知耻辱。”甚至广西巡抚黄槐森也上书弹劾张之洞、刘坤一私自与洋人约和，使敌军得以专顾北方，直攻京师，贻误大局。幸亏顶头上司李鸿章逼迫黄槐森撤回奏章，才使刘、张二督免遭尴尬。

毕竟，张之洞也好，刘坤一也罢，他们策划互保，并非存心与清廷分裂。二人是清廷的忠臣而非叛逆。当八国联军打进京津，清政权危如累卵之际，江海关税务司安格联曾经毫不隐讳地提出，“英国现在有一个很好的机会从内部重建一个中华帝国，以南京为核心。只有英国能办到这件事”。对于这一企图，张之洞、刘坤一都严厉拒绝。7月间，上海《申报》在报道“互保”章程时杜撰了“惟各国亦须遣兵北上剿匪”的说法，张之洞看后大为吃惊，连呼：“如此，岂非各督抚请洋人攻京城耶！”对这样的“fake news”，张之洞急电盛宣怀等人速令报馆声明更正，说明“照会内并无此语，纯系报馆添捏”。

至于《东南保护约款》本身的草拟过程，也可以看出刘坤一、张之洞等人“老成谋国”之处。比如第五款规定：“各国以后如不待中国督抚商允，竟至多派兵轮驶入长江等处，以致百姓怀疑，借端启衅，毁坏洋商、教士人命产业，事后中国不认赔偿。”这一条完全是针对列强帝国主义行径的。不少国家开始不同意。日本就声称这条不合国际公法，清方坚持原议说：“议内此条最重，如此款不行，他款虽允无益。”故而这一条后来还是坚持下来了。6月30日，即约款订立后第四天，一艘英国炮舰就开赴汉口，盛宣怀立即询问此行目的。英国领事只得搪塞并非为了军事目的，并答应电告英国海军“以后不再派船入江，如有更调，必先知照”。可见这一约款的确具有遏制侵略的作用。

当然，毋庸讳言，从“东南互保”之中，督抚自身也得到了好处。张之洞对英国领事表示，为了维持长江流域的安全，他要调集所有的军队，但战争期间，他的部队拿不到朝廷的军饷。英国人听后居然向本国政府为张之洞的军队申请贷款。最大的危险是，如果不发饷，将发生一次兵变，为了支付军饷，湖广总督非常急于获得一笔50万两的借款，愿以他的织布局做担保。很明显，张之洞正以“互保”为条件争取英国的经济援助，扩充自己的实力。正在催促自己的军队向中国首都进攻的英国政府也确实满足了这一要求（1900年8月10日），“准备通过汇丰银行垫付给湖广总督七万五千英镑的款项。借款期限为十年，利息四厘半”。附带条件是“借款不得用于装备北上的部队，而专用于支付该省驻军的款项”。一方面，八国联军在北方与部分清军及义和团交战；另一方面，英国政府却又以巨款接济清朝的封建大吏。“当时各国的情形，很像1860年，当英法联军占领大沽向北京进发时，却又保护上海来对付叛变者（指太平天国）。”

然而，尽管刘坤一等督抚为维护地方稳定称得上尽心竭力，但《东南保护约款》在最后签字的程序上又发生了波折——帝国主义者不愿意因签字而束缚自己。7月4日，英国向清朝驻英公使声明：“英国政府对东南督抚维护商教的措施予以极高的评价。英国乐于执行那些便于执行的条款。但是，英国政府绝不能把它作为对自己有约束力的约章来看待，因为它包含有英国不能委弃的条约特权，并且把中国政府理应承担的义务加诸英国政府。”7月13日，上海领事团最后通知余联沅，他们的政府不同意在约款上签字，虽然“请允许我们感谢该两位总督，并表示我们对他们的善意的崇高评价”。究其原因，一是第五款关于各国不派兵舰进入长江的规定束缚了列强的手脚；二是互保局面实际上已经形成；三是八国联军正向北京进攻，东南局势也已稳定，所以，列强不再需要约款的保护了。“东南互保”因此也就不了了之了。

余波难平

虽然如此，在中外两方的默契下，“东南互保”还是在大体上保住了长江流域及其以南广大地区的“和局”。在八国联军侵华战争中，北方社会经济遭到严重破坏。华北各省“尸横遍野”“十室九空”。相比之下，东南各省社会经济非但未受破坏，还有所发展。以张謇的南通大生纱厂为例，从1900年4月开工到1903年盈利多达20万元。1901年，以经营钱庄起家的荣宗敬、荣德生兄弟与朱仲甫合作，在距离上海不远的无锡创办了保兴面粉厂，开启了属于自己的“面粉大王”之路。

这样看来，“东南互保”似乎有个“皆大欢喜”的结局，就连朝廷最后也予以追认。1900年7月7日，山西巡抚毓贤向北京报告所收到盛宣怀从上海发给他的电报，说“长江、川、东、苏、浙、闽、粤各省，已与各国议明，中外互相保护，两不相扰，各国已经照会应允”。虽然毓贤表示对电报的内容“不胜骇异”，慈禧太后却只批了“知道了”三个字，等于默认“东南互保”。等到7月21日，刘坤一、张之洞等人正式向朝廷报告，已在上海就中外互保“订立章程”。慈禧太后通过上谕回答：朝廷本意，原不欲轻开边衅，因此屡次明降谕旨；要保护使臣及各口岸商民，“与该督等意见正复相同”。这等于批准了协议，而且完全不追究督抚们抗旨不遵并且先斩后奏的责任了。

但实际上，“老佛爷”是很不痛快的。1901年2月14日，后来的伪满洲国“总理”、溥仪的师傅郑孝胥在日记当中记述：“太后终言洋人欺我太甚，恨诸臣不能同心攘夷，于纵匪召乱之事迄无悔辞。”“不能同心攘夷”指的当然是参与“东南互保”的督抚大员们了。

对于大清国来说，更严重的问题是，东南督抚们与帝国主义“结成联盟”，不理睬清中央政府的命令，我行我素，与朝廷近乎分庭抗礼。这本身就是中央政权威信一落千丈的结果。设想早个一百年的乾隆、嘉庆时期。如有总督、巡抚胆大妄为如此，无论其多么位高权重，等待他的结果不外乎逮京问罪一途。光是乾隆一朝，获罪遭诛的总督就有恒文（云贵总督）、勒尔谨（陕甘总督）、陈辉祖（闽浙总督）、伍拉纳（闽浙总督）等多人。哪一个不是一纸诏书就束手就擒？偏偏到了庚子年，地方督抚兵权财权在手，令朝廷投鼠忌器。比如，张之洞任湖广总督长达18年（1889—1907年）。刘坤一任两江总督为期12年（1890—1902年），病死任上。就连海关的洋人都发现，驻扎在安徽的湘军“拥戴刘坤一，不愿服从别人”。

这种局面对清王朝的权力格局造成了根本威胁。清廷回銮后，尽管不得不承认东南督抚有功无过，但对于东南督抚联络一气，以与中央相抗，心中却“不无芥蒂”，“一举一动，辄疑各督抚有心，而不能相谅”。于是，在晚清最后十年的“新政”

中，“窥欲吸聚各省之财权归于政府而已，无非欲收集各省兵权属诸政府而已。而考其意之所由来，则一言以蔽之，曰中央集权而已”。

表面上看，清廷成功击破了“东南互保”形成的督抚松散联盟。接替刘坤一的两江总督魏光焘去职，标志着湘军系统盘踞江南40多年历史的结束。湖广总督张之洞也因此惶惶自危，不复有“东南互保”时“南方各省总统”的气概。东南督抚的军权和财权遭到了严重削弱。

可惜人算不如天算。“新政”的胜利果实最后偏偏落在了同样参与“东南互保”的袁世凯手里。李鸿章去世（1901年11月7日）以后，作为疆臣之首的直隶总督落到了袁世凯手里，清廷从东南搜刮来的“练兵”经费大半归袁世凯所得，训练他的“北洋新军”去了。更有甚者，很快，清廷处心积虑从湘军集团手中夺来的两江总督之位，也归于袁世凯的姻亲周馥，由此，直隶（北洋）、两江（南洋）皆成袁氏势力范围，清廷重建中央军事支柱的努力再次付诸东流。从这一角度而言，辛亥革命后袁世凯窃国的根源，在“东南互保”时已经埋下了。

（文/郭晔旻）

“西狩”路上的人事代谢

晚清外交达人曾纪泽女婿吴永在追忆1900年往事的笔记《庚子西狩丛谈》中，开篇即讲：“前清庚子拳匪之难，八国联军入京师，两宫西狩。”慈禧太后与光绪皇帝的仓皇而逃，带来的震荡效应不言而喻。于此变幻莫测之际，朝野涌现出一股“勤王”运动，各路各级各种势力纷纷北上“援救”两宫，这势必引发清廷中枢人事设置的“重新洗牌”。如今回望这一载有余的“闹剧”抑或“悲剧”，不禁让人心生“人事有代谢，往来成古今”之慨。

护驾途中的“刺猬”

在这看似举国齐心、气势恢宏的“勤王”浪潮里，其实打着同样旗号的人们，却是各怀心事、别有所图。有的官吏急速北上，是为了第一时间表忠心，以博取两宫欢心，从而换来更高的顶戴。比如张之洞的连襟、时任江苏巡抚的鹿传霖，听闻老家河北遭受战火之灾、族人死伤甚多，于是遂借勤王美名，力请开缺，北上返乡。待到了定州，发现乡里尚算安定，便假戏真做，“募三营入卫，奔及乘舆于大同。至太原，授两广总督。旋命入直军机，从幸长安”。由此稳坐军机大臣近十年。当然，还有些官员，却是怀着极为复杂的心绪和动机救驾的，可谓借左右逢源之机，踏进退皆可之船，行见风使舵之事，获羡煞旁人之位。典型代表，即岑春煊与端方。

希腊诗人阿尔基洛科斯存世的断简残篇里，有此一句：“狐狸多知，而刺猬有一大知。”若将这句寓言移用于官场，无非是指有人用心单纯、有人城府极深。按照正史一般的评价，貌似岑春煊属于“刺猬”一类的官员，端方则更像是一只“狐狸”。

在晚年所撰的那部世人皆知的自传《乐斋漫笔》里面，岑春煊将自己于庚子年的作为“描绘”得无比雄壮。当时他刚出任甘肃布政使半载而已，闻知京师已乱，岑“亟言于总督魏光焘愿率兵星夜勤王”。魏氏出于保存实力考虑，“以饷绌兵单”为理由拒绝。虽身为下属，但“官二代”岑春煊根本不把陕甘总督放在眼里，放下一句狠话：“本署库中，除正项外，尚存外销款一百三十余万，请以三十万供兵饷，调马队十营，即日可行。若总督故靳其事，本司有权自能出奏，从此辞矣。”被“将了一军”的魏光焘，也只有勉强答应。没等兵力凑齐，岑氏已迫不及待，先率卫队数十人，自兰州省城取道草地赶往北京。一路上，实在是艰苦不堪：此道并非官马大道，行人绝少，系一片沙漠、土人游牧之地，有水草处，始见有寥寥数家，家中床铺俱无。往往行百余里，方有人家，足见人烟稀少。实由于沙漠之地难于生活。幸当日自备干粮，复带蒸水机器，始免于厄。唯水虽过蒸机，气味仍恶劣。且必须土人引路，到一处换一次引路之人，方能前进。真苦矣！

甫至京师不久，八国联军攻入城内，两宫西逃，岑春煊得以一路护卫。保驾期间，据岑氏自述，颇有亮眼的表现。一是敢于建言。由于慈禧、光绪仓促“西狩”，只带了端王、庄王、载澜等数位大臣，故每到议事时，总难有高明建议。一次，诸人于召对之际，太后突然发问：“此耻如何可雪？”大伙儿无人敢应。岑春煊不顾身份，独自上前进言：“欲雪此耻，要在自强，自强之道，首需培植人材。学校者，人材所由出也。故必自广兴教育始。然此事俟局面稍定，方能顾及。”二是整饬军纪。彼时清兵俱是战败之徒，士气低落且毫无军纪，到处烧杀掳掠。岑春煊奏请两宫，必须整饬军纪，可以正法数人，以示惩戒，警告溃兵游勇，尚存畏惧军法之念，慈禧命其放胆去做。果然，在奔往太原的路上，太后座驾遭遇逃兵骚扰，甚至有持枪追逐太后舆前者，屡加呵斥，非但不听，反倒举枪对着岑氏射击。岑春煊趁其一击不中，急拔刀斩首于御前，当众宣示，今后有不遵约束者，以此为例。此招着实有效，“众始肃然知畏，由是沿途安靖，无敢放肆者”。三是清理教案。因护驾之功，岑春煊升任山西巡抚。当时八国联军已抵达娘子关与固关，岑氏已提前命令驻守前线的将领刘光才速速撤退，避免冲突。孰料尚有小部分清兵未退，与先期赶到的德国士兵发生摩擦，刘部边抵御边撤退，到夜里已全部走掉。无巧不成书的是，德军入关后，得意忘形，大肆庆祝，在鸣炮欢庆时忘记将炮内弹药取出，炮弹直接射向娘子关，命中关门。当时娘子关由法国军队把守，夜黑不察，误以为是清军偷袭，遂还炮相击。望着对面飞来的炮弹，德军也猜想是清军反攻，毫不客气开火对敌。一时间战火纷飞、鏖战不已，导致死伤甚多。直到黎明时分，德、法双方望见对面旗帜，才明白这是一场惨痛的误会，即停战问讯，然已是遍地死伤，俱是联军士卒。此时岑春煊派来的使者已到，经过沟通，德、法军官认为既然新任巡抚岑春煊“新到，已注意此事（教案与德、法死伤），且派员前来，具知厚意，既系内地荒旱，人民困苦，我等即从此回京。请向贵巡抚致谢可也”。本来追击两宫的联军，全部掉头撤退，满载死伤洋兵而去。这也是庚子“西狩”期间清军获得的少有的一次胜利，当然过程确实荒唐。岑春煊借此机会，整理山西吏治，处理教案，并与传教士李提摩太达成共识，创办了山西大学堂，也堪称善举一桩。追溯这段经历，岑春煊不禁感叹“当时亦只知奋勇直前，更不知有所谓危险在后者。日久回思，始觉有余悸云”。

奈何岑春煊精心塑造的一位“前清忠臣”与“无私良吏”的人设，在民国没流传几年就被另一位仕宦世家子弟捅破。彼时掌故名家徐一士先生见多识广，颇能探究前朝政坛秘辛，对于岑春煊当年勤王之举，给出了另外一种解释：庚子之役,(岑春煊)以甘肃布政使率师勤王，护驾西行，遂邀西后特赏，迁任封疆。相传其时春煊初拟助帝收回政权，或以孝治及利害之说动之，乃不敢发，而益自结于后。论者多病其不能见义勇为，然封疆重臣、统兵大将多戴后，帝则势处孤危，举事不慎，将有奇祸，春煊纵欲建非常之业，其力亦苦不足耳。

即使搁在民国，这亦不啻是惊天丑闻，毕竟当事人尚有不少在世。依照徐一士的解释，岑氏勤王本打算借危难之际谴责慈禧，逼迫其还政于光绪，这倒是妥妥地符合“勤王”之本意。奈何现实面前，岑春煊看透了光绪的羸弱，只好见机行事，倒向太后一方。

从1894年到1900年，岑春煊历经甲午战争、维新运动、庚子之变，这三次经历成为他人生的重要转折。三次经历，三次蜕变，使他逐渐谙熟官场游戏规则，从一个不懂时局的贵公子，转变成为一个朝廷显宦。在进入宦海之初，其是以维新官吏的面目示人的。1895年，岑参加了康、梁等创办的“强学会”，成为强学会上海支部会员。1897年2月，岑春煊在广西桂林加入康有为、唐景崇等地方官绅创办的圣学会，开始接受维新思想，与维新派领袖建立密切联系。因此1898年岑春煊能以“销假请安尚未收缺人员”身份特例简派为布政使赴广东履职，恐怕是康有为暗中向光绪皇帝举荐，起了不小的作用。再次，也正因与维新派来往密切，戊戌政变后，岑春煊不依不饶地死磕两广总督鹿传霖，即使他调往异地，还是不断写折子弹劾。其中缘由，除冠冕堂皇、政治正确的两广官场极其腐败外，更隐秘的一层还是与康梁有关。1898年底，清政府要求查抄康有为老宅，据说“抄出逆党来往信函多件……悖逆之词，连篇累牍”，恐怕里面有涉及岑春煊的“黑料”。故其反复讨伐鹿传霖，亦有公报私仇之嫌。

如此看来，向来自我标榜为一心一意为朝廷卖命的“刺猬式”官员岑春煊，其实是一条善于伪装的“狐狸”。宦海浮沉中诸多显宦之心，实际比海更深，更难揣测。

迎驾之际的“狐狸”

与表面憨直的岑春煊不同，端方的精明机敏，是彼时人所共知的。端方，字午桥，托忒克氏，满洲正白旗人，举人出身，与荣庆、那桐并称为“晚清旗下三才子”。二十岁出头，端方便参加工作，担任京官。

起初，端方任职多是宫廷闲差，所以他终日玩古董、购房产，一副名士做派。到了戊戌年，光绪帝决定维新变法，任命端方为农工商总局督办。端方从此在政坛崭露头角，他那干练的行事风格也初露锋芒。其幕僚劳乃宣称其“昼则接宾客见幕属，夕则治文书。其治事也，幕僚数人执案牍以次进，旋阅旋判，有疑义，随考核加咨取焉。谋虑即得当机立断，未尝见其有所濡滞，亦未闻其事之有贻误也”。

说到农工商总局，其日常工作就是整顿农业、发展工业和振兴商业，为变法开辟利源，可知这个机构非常重要。光绪还特意下旨嘱咐端方，“考求新法，精益求精，庶几农业兴而生殖日繁，商业盛而流通益广，以植富强之基，朕之厚望焉”。他对端方的期待由此可见一斑。皇恩浩荡，端方自然不敢懈怠，立即全身心投入到改革实践当中。没有办公场所，端方就自掏腰包，租赁民房开局办事；缺乏财政补贴，端方就四处筹措，保证下属安心工作。由于大家干劲十足，总局工作效率极高，几乎天天都有奏折上报，甚至一天曾上折三份，这是众多维新机构中为数不多的办实事的一个。端方更是时常蒙受光绪召见，俨然成为朝廷红人，这难免惹来不少官员们的妒忌，他们深感这个年轻人的所作所为实在过于嚣张，大有“减夺部权”之势。

正当端方春风得意之际，局势却突然变脸。1898年9月26日，慈禧下令推翻新政。不久，农工商总局也被裁撤。昔日的“变法标兵”，陡然似要沦为“康梁乱党”，端方隐隐感觉自己已是岌岌可危、命悬一线。好在他脑子活、够机灵，很快就打通关节，求得慈禧身边重臣荣禄、刚毅的庇护，同时又买通李莲英，向老佛爷呈进《劝善歌》，大谈慈禧如何圣明，其中有一段写道：

太后佛爷真圣人，垂帘听政爱黎民，
官加俸禄兵加饷，豁免钱粮千万金。
当时天下未平静，发捻搅乱偏行省，
太后知人善任人，救民水火全性命。
从此天下庆太平，鸡鸣犬吠都不惊，
试问此事谁恩德，重生父母还不能。

马屁能拍成这样，真的堪称一种境界。慈禧看后，自然心花怒放、圣心大悦，本来就不想惩办端方，又读到如此舒服惬意的诗作，她给端方官升一级，出任陕西按察使。也正是在陕西任职时，端方又遇到了绝大多数官员无法企及的良机。

1900年，端方升任陕西巡抚，两宫西逃而来。行至宣化府时，慈禧便打算“西巡”长安。但造至太原，李鸿章、奕劻等屡次吁恳回銮，以固根本，而外国公使亦纷纷请回京，并以议和谈判相要挟。适时，东南各督抚也以“偏安必不可成，京师必不可弃”为理由反对西行长安。毕竟一来“京师根本重地，四方所拱极而朝宗者也。宗庙宫阙，列祖列宗之神灵所式凭者也。二百余年，基业固矣，一旦弃之，不特失臣民之望，亦非圣心之所安”。二来“陕西自宋元明至同治以来，屡次兵火，商稀民瘠，古称天府，今非雄都。又与新疆甘肃为邻，新疆逼近强俄，甘肃尤为回薮，内讧外侮，在在可虞”。三来“前闻各国曾请退兵回銮，不占土地，无论所请果否出于至诚，正可借回銮之说，以速其撤兵之议。倘西幸愈远，拂各国之请，阻就款之忧，万一激变宗旨，洋兵不撤，京畿从此沦胥矣”。可谓条条在理。

此时本不显眼的端方则体现出其重要性。李鸿章、奕劻、刘坤一等王公督抚电牍连篇，恳请端方劝慈禧打消偏安的念头。而端王、庄王及陕甘总督、鹿传霖则希望慈禧留在西安。故而是顾全大局，还是迎合圣意，端方必须做出选择。“狐狸”的特性，便是从最切合自身的利益进行考量。果不其然，端方后来上了一道令慈禧开心的折子：

伏念此次圣驾出京，率土臣民无不汗泪交流，置身无地，而圣慈体恤于播越仓皇之际，仍寓恭俭，撙节之思，为臣子者不胜惭，罪当万死……奏臣即在满城内相度地势画定规模，次第建置而经营伊始，已电传銮辂西来。虽行宫一时难以鸠工，而省城新旧巡抚衙门南北两处尚堪，备暂时驻跸，其余公所地亦可备随扈臣工止。

狐狸就是狐狸。自此后，端方于清末十年，开府封疆，风光无两。

有些人该“出局”

常言道危难之际见臣子之忠荩，岑春煊、端方似乎做到了。然而追究起来，这“危难”是谁造成的？恐怕“大阿哥党”脱不了干系。未等清廷清算，列强已将惩办祸首的问题摆在了谈判桌上。

可以说，惩办祸首是“开谈”的先决条件，列强甚至反复强调“非开议不停战，非惩恶不开议”“不重惩祸首，断不停兵，断不能阻西追，断不开议”。同时，这也是“一个最为棘手的问题”，因为如果穷追祸首，无疑慈禧会成为最核心的“祸首”，于是，他们不得不为她寻找替罪羊。虽然慈禧一再推脱自己在庚子事变中的“首祸”责任，但其亦谓人曰：“不过我总是当家负责的人，现在闹到如此，总是我的错头，上对不起祖宗，下对不起人民，满腔心事更向何处诉说呢？”尽管“铸此大错”，但慈禧坚称此祸端实由误信端王而起，继续甩锅。

在外国的一再胁迫下，清政府竟先后颁布了三次上谕，做出了很大的妥协。时人谓此，言“太后尚有回护之意，其终受大辟，实出外人要迫，并非太后之本心”。迫于列强压力，清廷不得不屡次颁布加重惩办诸王大臣的上谕，最终结果是：第一，端郡王载漪、辅国公载澜发往新疆，永远监禁；第二，庄亲王载勋、都察院左都御史英年、刑部尚书赵舒翘，赐自尽；第三，山西巡抚毓贤、礼部尚书启秀、刑部左侍郎徐承煜，即行正法；第四，协办大学士、刑部尚书刚毅，大学士徐桐，前四川总督李秉衡，追夺原职；第五，甘肃提督董福祥，革职查办。

对首祸诸臣的惩处基本上是满足了列强的要求，甚至对于国外没有注意到的罪祸之人，清廷竟主动坦白，“此事始末，惟朕深知。即如怡亲王溥静、贝勒载濂、载滢，中外诸臣，叠次参奏，均未指出，即出使各国使臣电奏，亦从未提及，朕仍据实一体惩办，可见朕于诸臣处分轻重，一秉大公，毫无偏袒，当亦薄海内外所共谅也”，以示其诚心悔过之意。而对于载漪之子，于己亥年间被立为储君的大阿哥溥儁，清廷后来也借机将之废黜。至此，由戊戌政变后所造成的帝后矛盾，终有了结果，正如负责起居注撰写的官员恽毓鼎所言：载漪既谪，大阿哥法不当立，遂宣诏废之，……时辛丑四月也，盖至是而戊戌之局始结。

纷扰甚久的己亥、庚子闹剧就此休止，猖狂一时的“大阿哥党”全军覆没。两个春秋在历史长河中虽仅是倏忽一瞬，然此番折腾却几乎耗尽了清廷所剩不多的元气。中国就在如此狼狈不堪、乱作一遭里迈进了20世纪。旧官僚没了，新官员粉墨登场，谁还在意那一段沉疴往事。这还真应验了杜甫在《佳人》一诗中的名句：但见新人笑，那闻旧人哭。

（文 / 王学斌）

北上议和："裱糊匠"李鸿章的谢幕

庚子年七月二十一日（1900年8月15日），在光绪皇帝、慈禧太后的车队向西去后，总理衙门章京陈夔龙马上来找顺天府尹王培佑。陈夔龙曾是光绪元年贵州乡试中举的第一名，放在今天也算是高考状元，后曾为四川总督丁宝桢的幕僚，也顺利考取了进士，做过顺天府尹，曾经是北京城守土有责的地方官。八国联军攻陷北京后，陈被任命为留京办事八大臣之一。陈夔龙长得帅气，说话又好听（"其人美风仪，善文辞"），是京城炙手可热的人物，但截至此时尚未有地方历练的经历。王培佑为官清廉，在当时所有影响中国国运的重大政治事件中，王培佑几乎都立场强硬。德国强征胶州湾时，他将山东老家百姓的冤屈反映给朝廷，戊戌变法时力赞维新，义和团运动起来之后又很早就褒奖团民。

此时陈夔龙来找他，意思很明白，朝廷都"西狩"了，八国联军破城迫在眉睫，城下之盟不可避免，位于今天鼓楼东大街的顺天府署地方宽敞，洋人一定会来讯问。陈夔龙自诩外交界的业内人士，愿意与王培佑一起去交涉，但王培佑此时想溜，陈夔龙自讨没趣。他只见北京街市上百姓匆忙避乱，"万人如蚁，均往西行，鸦雀无声，景象极为凄惨"，陈夔龙被堵在友人家中三天，逃难人流挤得大门都开不得。

此时总理衙门有一总办章京名为舒文，是旗人，在总理衙门资格老，又与总税务司英国人赫德颇有交谊。舒文住在东四牌楼九条胡同，和陈夔龙家就隔一条窄街。陈夔龙马上前去，请舒文快去探听洋人那边的消息。其他一些官员，如兵部尚书敬信、理藩院尚书裕德、侍郎那桐都留在北京，听说总理衙门的外交官员还在北京，都来请陈夔龙一道会商要事。八国联军进城后，舒文与赫德已经接洽多次，洋人知道他是个外交系统说得上话的，日本兵进驻了他家宅院里。日本兵这回当着欧美白人的面，极力表现自己文明开化，表现出一副秋毫无犯的样子，好像几年前在旅顺屠城的不是他们一样。就这样，舒文的宅院居然躲过了八国联军进城后的烧杀抢掠，陈夔龙都说，这舒文家“隐然成为办事机关”。各国驻华公使，此时也从一片残垣断壁的东交民巷里冒出来了，到处寻找总理衙门的负责人庆亲王奕劻，想着好好讹一笔赔款，甚至堵到老庆家里好多次。这些留守北京的中国官员就打算联名请老庆回来，主持和谈。

奕劻家小成了慈禧的人质

此时，光绪、慈禧已经逃到山西大同，庆亲王奕劻因病滞留河北怀来。但要是按着八国联军的意思，点名要奕劻来谈判，好像是不把皇上和太后放在眼里，这种情况下，庆亲王敢来吗？宦海沉浮几十年的这群老油子们商量出一个对策，请皇上派出亲信大臣，会同庆亲王一同来京。一篇奏稿顷刻间就写好了，但竟然没人愿意去投递。吏部郎中朴寿是陈夔龙在总理衙门的故交，此人“平时颇以白首冯唐为感”，觉得自己很有能耐，于是陈夔龙当面说：“君欲建功立业，此其时矣”，其他老官僚也趁势起哄，朴寿只好接了这活。给庆亲王的公函也很快写好了。这两份文件上，签名者八人，文渊阁大学士昆冈领衔。

朴寿很快将信送达，两宫正要去太原，接到此折，马上命令庆亲王迅速入京，同时发电报，点名催李鸿章，迅速到京会同办理。庆亲王回京时听到一个消息，心里很不爽：慈禧一行前往太原之前，点名将庆亲王的家人亲眷一个不落全都带上，实际上成了人质。此时，已经到了八月初三。

一周后，庆亲王回到北京，宣布第二天午后一时同这八位留守北京的大臣在北城广化寺会面，并约赫德同来。40年前，第二次鸦片战争期间，恭亲王就在这里签订了《北京条约》。几位大臣面对河山风景，举目悬殊，不禁相对饮泣。这八位大臣也明白，此次条约必须等着李鸿章到北京之后才能开始商定。叫上赫德，无非是托他给八国联军的占领军军官传个话，先行开放各城门，让粮食、菜蔬照常入城，维持城内生计，如果行有余力，还请赫德劝诫各国军队，不要强占民房、抢掠奸淫之类。

赫德一一允诺，表示会把这话带到。虽然赫德对八国联军毫无约束力，但他此时却面露凶色地表示，北京周边乡镇仍有义和团团民袭击外军，你们中国地方官要是不把这些义和团团民杀尽，那我八国联军外出剿洗可不辨你良民奸匪，到那时可就是玉石俱焚了。庆亲王只好命令陈夔龙，顺天府周边州县，一律设防自卫，防不住洋人还防不住你义和团团民吗？陈夔龙提醒老庆，自己早就卸下顺天府尹的担子了，但是现任府尹王培佑又找不着。庆亲王只得苦笑道："我以为尔尚是顺天府。但虽卸任，此事总得帮忙。"随后老庆又让陈夔龙将此次会晤情形详细拟稿，即日六百里加急快马送到山西去，因为电报线已经断了。此时留守官员中级别最高的昆冈站起身来，慷慨陈词："徐中堂桐以身殉国，从容就义，这是我大清的忠臣啊，必须奏报皇上，厚加抚恤。"听了这话，老庆气得勃然变色："徐相已死，可惜太晚了。倘早死数日，何至有徐筱云尚书论斩之事！"

徐用仪号筱云，兵部尚书，一直提议禁义和团。德意志帝国的公使克林德开枪挑衅中国军人被击毙后，徐用仪担心不已，反复念叨"祸始此矣"，并找到庆亲王奕劻，请求厚葬克林德。八国联军军舰开到大沽口，徐用仪等官员还想通过外交手段和平解决，"奸民不可纵，外衅不可启"，最后上了菜市口被处死。此时八国联军已经攻入北京城，很多官员认为外边消息甚紧，京师岌岌可危，不宜骈戮大臣，就算有罪也得走司法程序啊。更何况当天是咸丰皇帝忌日，不该动刑杀。出乎意料的是，朝廷没饶徐用仪，徐桐还公开嘲笑替他说话的官员，"君尚欲假作好人？我看此等汉奸，举朝皆是，能多杀几个，才消吾气！""是死且有余辜！"其子徐承煜去监斩，看着徐用仪被杀头，还颇为扬扬自得，结果八国联军进北京后，徐桐投缳上吊，徐承煜却跑了，最后还是被日本兵抓住杀了头。

此时庆亲王手下这八个留守北京的大臣里，陈夔龙是唯一的汉臣，干了不少活，可是一个人的能力毕竟有限，要是徐用仪还在，他当过总理衙门大臣，一定能帮上忙。庆亲王想到徐桐当时扬扬得意的样子，甚至觉得徐用仪就是被他害死的，越想越气。

李鸿章的入京之路

庆亲王回京后，逃难百姓也逐渐返回，顺天府尹王培佑也终于有了音信，原来他跑到北京南边的固安了。他见到庆亲王第一件事，一脸正气地讲了一番大道理：此时北京太不成局面，各国兵马纷纷占据，幸亏庆亲王您回来了，请您马上令各国公使速将洋兵全数移扎城外，不得在城内居住！庆亲王被噎得无言以对，当场挥手送客，然后当天出了一份奏折，让陈夔龙接了顺天府尹的职务。十余天后，李鸿章抵京。其实，李鸿章比奕劻还早三天收到朝廷电令，他人在上海，清廷早在义和团进入北京第三天就电令两广总督李鸿章火速来京，但李鸿章整整拖了一个月才启程北上，又在上海观望许久。

李鸿章离开广东前，慈禧倚重端王载漪、军机大臣刚毅，把持朝政，推行"联拳灭洋"的方针。奕劻、荣禄等"枝梧其间"，试图扭转朝局，"然亦无济于事"。对于此情此景，李鸿章深恶痛绝。在他眼里，载漪、刚毅"群小把持"，慈禧又"慈意回护，必酿大变"；深感势单力孤无法挽救而徒呼"奈何"。清廷催他"迅速来京"，但却"未言何事"，没有给予任何职权。此后，义和团在北京号称要杀勾结洋人的"一龙二虎三百羊"，龙是光绪帝，二虎则是奕劻和李鸿章，李鸿章必然不想来冒这个险。

直到八国联军攻破北京城，俄国大军入侵东北，李鸿章再次成为各方势力的焦点。俄国拉拢李鸿章，要派军舰护送他由沪赴津，毕竟李鸿章贪图贿赂签了《中俄密约》，把东北许给沙俄。英国反对李鸿章全权代表资格。德国特派陆军元帅瓦德西率领大军来华，争得八国联军总司令宝座，并拒绝承认李鸿章全权代表资格。美国重申“门户开放”原则，主张维持清政府原有统治秩序。面对这种局势，李鸿章通过各种途径，争取各国维护清朝统治，同时争取各国承认自己作为清朝全权代表的资格。但是，各国都基于自身利益，“设词推延”，没有答应“各派全权议事”。

在这期间，总税务司赫德电询海关驻伦敦办事处税务司金登干：“欧洲的意见如何，维持清室还是瓜分大清帝国？”结果金登干复电说：“各国显然仍拟支持满清皇朝，不主张瓜分。”赫德的消息传到李鸿章耳边，在上海逡巡徘徊许久的李鸿章明白，自己北上的时机终于成熟了，只要各国还承认清廷，和谈就势必继续，而他必然是那个清廷的和谈代表。

李鸿章终于启程。虽然他乘坐了自家招商局“安平”轮到达天津，但“安平”轮边上那艘俄国军舰分外显眼。到达塘沽码头，迎接他的也是一群穿了礼服的俄国军官。在天津城中，李鸿章的住处由俄军保护，俄军士兵挑着刺刀枪，在门口严格地检查每个访客的出入证件。在这里，李鸿章“恭设香案，望阙叩头”，接受了钦差大臣及直隶总督关防、盐政印信。这位年垂八旬、饱经沧桑的大吏，在曾坐镇25年而又调离数载的督署重接大印，感慨万千。

随后李鸿章终于到达北京，随行的依旧是俄军卫队。他在北京的落脚点选在了贤良寺。这里靠近皇宫，是许多历史事件的见证地。曾国藩、左宗棠、张之洞等晚清名臣进京都寄住于此。李鸿章第一次进京时便住在贤良寺，之后无数次进京，李鸿章均居贤良寺。这里也曾是他甲午战败后失势、投闲寓居之所，一年后他也将死在这里。

惩处“祸首”问题

李鸿章这一路由俄军护送，亲俄派的标签是洗不掉了。俄军已经趁乱占领东北，急催李鸿章先行与俄国单独缔约，了结东三省的交涉事宜。各国公使不置可否，但日本公使坐不住了——几年后，中国的东三省即将成为两国争夺的战场。李鸿章却立刻上奏，希望尽快与俄国缔约。当时，在中国两位全权大臣之中，虽说奕劻贵为亲王，列名于前，但实际主事的却是李鸿章。“每当聚议时，一切辩驳均由李鸿章陈词，凡事皆力争上游，而所奏行在折电，概出鸿章之手。”虽说给朝廷的奏折需要奕劻和李鸿章联名上奏，但其实李鸿章发电之后，才告诉庆亲王。

庆亲王也不是没有脾气。一日傍晚，奕劻的手下忽然来到陈夔龙家，催他赶快到庆王府说话。不过北京被八国联军分区占领，晚上7点以后不能通行。陈夔龙只能第二天一大早前去，原来是想让他代拟一封电报，庆亲王满脸难色地说，李中堂执意要遂俄国人的愿，我可担不起此项罪名。我想弹劾他，你可代写一篇弹劾稿。

陈夔龙沉思良久，忽然笑了起来，说，这封电报奏到西安，又扳不倒李鸿章，不过收获些让你们和衷共济的话，倒是把我们这边两个全权大臣的矛盾公开化。李鸿章虽系重臣，究是外臣，亲王您则是皇室懿亲。您两位闹矛盾生出枝节，贻误议款，朝廷还得赖您这自己人办事不力。且目前正在用人之际，李中堂又为中外安危所系。亲王就算奏劾他，试想两宫能允许吗？陈夔龙建议，将此事来龙去脉汇报给西安的军机处报备。当下先一起办理公约事宜。对俄条约，暂且搁置。从此，李鸿章“大权独揽，左右无人”，而奕劻则“别有深意”地“事事尽让”。

在交涉中，李鸿章首先遵从两宫旨意，争取停战议和，防止联军进犯山西。他请求各国公使说情劝阻“联军勿庸西去”，并急于谋求与联军统帅瓦德西直接会晤。但瓦德西嫌他太偏袒俄国，直至11月15日才接见他，划定了巨大的占领区域。在清廷关心的惩处“祸首”问题上，德国提出严惩“首要的及真正的主谋者”，将目标隐隐指向慈禧，不过其他列强担心惩处慈禧会导致中国局势动荡，有损他们在华利益，所以将矛头对准以端王载漪为首的王公大臣，各国公使态度强硬。在他们眼里，只要是在义和团事件中不公开表态反对的，一个不能留，全都该杀头。比如亲自裹红巾、在王府设拳坛的庄亲王载勋，写什么“吃面不搁酱，炮打交民巷”顺口溜的怡亲王溥静，支持义和团呼声最高的贝勒载濂、端郡王载漪哥俩，统率义和团的辅国公载澜、都察院左都御史英年、协办大学士吏部尚书刚毅、率甘军抗击八国联军的甘肃提督董福祥、杀传教士的山西巡抚毓贤，都该杀。就连并未支持义和团的赵舒翘也莫名其妙上了名单，拳民私刑杀了传教士，谁让你赵舒翘是刑部尚书，杀！义和团团民势力最强时，也不过号称要杀“一龙二虎三百羊”，按照八国联军这份祸首名单杀下去，连爱新觉罗家的王爷们也要杀，清廷中枢官员就更没几个能活了。

李鸿章只能苦劝朝廷严惩。随后，清廷宣布对“肇祸诸臣”严加惩处，借“以服天下之心，而释友邦之憾”：端郡王载漪著革去爵职，与已革庄亲王载勋均暂交宗人府圈禁，俟军务平定后，再发往盛京永远圈禁；溥静、载滢、载濂、载澜、英年、刚毅、赵舒翘等也分别受到圈禁、降调、闭门思过、充当苦差等不同程度的惩治，但实则不想杀一人。各国公使对清廷此次惩办“祸首”没杀一人颇为不满，联合发出照会，坚持要求处死载勋等，并惩办毓贤、董福祥，否则“和议断难望成”。

此外，当时各国均以“两宫回銮”作为议和的先决条件，是企图让慈禧和光绪来到八国联军的军事占领区，用武力胁迫清廷，敲诈更多利益。慈禧深恐受制，联军不撤，决不回京。李鸿章明知慈禧、光绪不会答应马上回銮，但却屈服于列强压力，只得密奏，反复陈请“速定回銮日期，宣示中外”，并表示“敢保必无侵犯”。慈禧责备李鸿章等未能“共谅”其“不得已之苦衷”，表示绝无“甘就偏安，轻弃京师之理”，只要“一有成议，自当即日降旨，定期回銮”。

对于“祸首”的处理，清廷下了数道上谕才让列强们满意，最终结果是：“……除载勋已赐令自尽，毓贤已饬即行正法，……载漪、载澜均定为斩监候罪名，……发往极边，新疆永远监禁，……刚毅情罪较重，应定为斩立决，业经病故，免其置议。英年、赵舒翘昨已定为斩监候，著即赐令自尽，……启秀、徐承煜……即行正法，徐桐……李秉衡……均应定为斩监候，惟念临难自尽，业经革职，撤销恤典，应免再议。”此外，还有142名地方官员被处以从死刑到革职留任轻重不一的处罚。

李鸿章才是真正管事的那个

纷纷扰扰，三月有余。这场谈判实际上是列强之间的利益博弈，他们吵出个结果，出一个草案，派人通知中方，并出示草案，坐等签字，仅此而已。各国使节明确向陈夔龙表示：“明知条款之酷虐，但中国铸此大错，亦实无可如何。现有一言奉告，将来条款送到，中国政府万不可一字驳复”，否则就要直捣西安。若是中国政府同意，自签字之日起，战事即为结束，否则拖下去，各国军队还要进兵。这段时间里，77岁的李鸿章病倒了。庆亲王只好带上那桐和陈夔龙，并法、英、俄、德、日语的翻译前往日本使馆交涉。

日本使馆内，各公使与参随各员咸集。日本公使将条约朗诵一遍，当面交给奕劻。奕劻答曰，今日承各公使面交和约一件，我将电奏西安行在。随即告退，各国公使亦不远送，清廷急于求和，已被各国所看穿。庆亲王走出日本使馆，除了抱怨各国跋扈态度，第一件事就是让陈夔龙“速将各使交来条约，送请中堂阅看”，要求此事当天必须了结。庆亲王亲口讲：“电奏稿不必送我酌定；但于发电后抄稿送阅可耳。”两个全权大臣中，李鸿章才是真正管事的那个。

陈夔龙马上只身往贤良寺，始知李鸿章病迄未愈，不能见客。当时李鸿章有一幕僚杨士骧与陈夔龙同年中进士，陈夔龙走了这层关系，希望将各国提出的条约文本呈交李鸿章一阅。杨士骧哭笑不得：“李中堂此时沉沉昏睡，要看的文件积了三寸多厚，哪能一一过目？不如由您代拟电奏稿，呈中堂阅定，即行发给西安两宫，较为便捷。”这种事情落到陈夔龙头上，他哪敢做这个决定，杨士骧就反复撺掇。此时，李鸿章的小公子李经迈出来说：“家君昨日曾经说过，此次奏件分量很重，须用重笔。”陈夔龙就拍马屁说：“如用重笔，只好请出宗庙社稷，方可压倒一切。”于是将自己拟好的电奏稿写下来，由李经迈送入卧内，请李鸿章阅定，即刻电发。等到陈夔龙将副本抄送庆亲王阅看时，已近午夜。

“姑为允准”

当和约电奏寄到西安，光绪、慈禧逐一阅视。慈禧眉头紧锁，认为偿款数目太巨、惩办罪魁太重。德国公使克林德，自己持枪挑衅八旗兵被击毙，还要建碑京师，有违体制；使馆区扩大，将六部、翰林院划入界内，一路划到天坛，祀天重地亦须迁移。其他各款种种苛求，慈禧实在不能接受。荣禄婉言力陈，力主全盘接受这苛刻条件。慈禧动了气，撂下一句话，这等大事谓请皇上斟酌，我不能管。次日，北京李鸿章的催问回复的电报又来了。

慈禧怒斥李鸿章、奕劻：“就知道责难朝廷，不肯向各国公使据理力争。我既不管，皇上也不管，由你们管去吧！”言毕，一把将电稿摔到地上。荣禄吓得惶恐万状，唯有伏地磕头，大气也不敢喘。光绪出来不紧不慢地说：“尔等也不用着急，明日再说。”荣禄这才谢恩告退。这边是李鸿章天天催，那边是慈禧寸步不让，夹在中间的荣禄感叹道：“此事责任在我，唯有在文字上想办法，才能从权办理。我感觉慈禧的意思，也未必一定不答应。但可以二字，她难以当面说出口。”

第二天，荣禄先请示了一大堆其他的杂事，最后不经意提了一句：“北京全权大臣的电奏已经好几天了，今天又来催了，可否由奴才下去酌拟一回复，请太后审阅之后发给他们？”慈禧默然，继而缓缓吐出四字：“如此亦好。”荣禄第一时间与众臣商议好了，大致是看在宗庙社稷的份上，这份条约就“姑为允准”了。这份拟稿传到光绪那里，旋传旨：“知道了。”这份电报马上传到李鸿章那里。改变每个中国人命运的《辛丑条约》就这样定了下来，清廷无法提任何要求，只有逆来顺受。

1901年9月7日，《辛丑条约》签字后，八国联军一律撤退，京师终于交还清廷。两宫预计当年十月回銮。此时的京城“蹂躏不堪，除宫殿外，无一免者”，亟须修理。负责修缮的清廷官员初次入东华门，只见“蓬蒿满地，弥望无际”。午门、天安门、太庙、社稷坛等处，都有炮弹伤毁的残垣断壁。建筑物上的炮孔密如蜂巢。如天坛、先农坛、地坛、日坛、月坛，以及乘舆回时经过庙宇，大半均被焚毁。两宫由西安启程后，原本拟由潼关北渡，继而改道开封，在这里过万寿后再行回京。奕劻突然收到电旨，要求他速往开封祝寿。慈禧的意思无非是不了解京城底细，怕各国违约，把奕劻叫到跟前盘问清楚。而李鸿章已经病得起不来了。

奕劻启程前，大小官员前往火车站齐集恭送。陈夔龙又见到了故交杨士骧。杨士骧神色仓皇，告诉陈夔龙，李鸿章昨夜三更吐了满满一大碗的血，神志昏迷。火车开行不久，1901年11月7日，李鸿章去世。

（文 / 罗山）

《辛丑条约》：列强们最终得到了什么？

八国联军侵华之役，堪称中国近代史上最稀里糊涂的一战——挨打的大清帝国固然稀里糊涂，打人的八国联军在整个过程中也不怎么清醒。这个不清醒，首先体现在没有一以贯之的战略意图。

列强的诉求，最初是法国人要求保护传教；接下来是公使团因恐惧而要求调兵保护；大沽口不让联军上岸，那就打下来；天津城不让联军驻扎，那也打下来；从天津到北京沿途，谁不让通过打谁……一条笔直的线性逻辑。

但等到1900年8月中旬攻占北京城后，八国联军沿着这条线性逻辑终于走不下去了。

渔翁得利瓦德西

首先是各国之间的矛盾不断激化，斗争逐渐从桌底下互踹黑脚，演化为台面上的面红耳赤。

早在联军大部队还未登陆之前，俄国人跟英国人就已经开始了明争暗斗。因为怕俄国人争抢联军指挥权，英国海军中将西摩尔仅率2300人就冒失地向北京进军，结果在廊坊吃了大亏——

沙俄则抓住这场败仗，联合法国在国际上大肆揶揄、讥讽英国将帅无能，“在这样的丢脸以后，没有人会想到信任英国人的领导”云云。

到天津陷落后，联军总数已增至3万人，亟须集中统一指挥。列强虽对统一指挥并无异议，但对谁来担任总司令，则又纠结不下。

日本人（出兵最多）一度曾提议，根据在华兵力大小确定总司令人选，但列强对此均不以为然。

英国人认为，应当由军阶最高者担任总司令。提出若列强坚持西摩尔海军中将的官还不够大，那么英军总司令沃尔斯利他老人家也是可以专程来一趟的。

俄国陆军大臣库罗帕特金则坚持以沙皇叔父、海军上将阿列克谢耶夫担任总司令——不过这并不是俄国的官方意见。此际沙皇尼古拉二世有秘密指示，俄国人不能公开领导对华作战，以免“处于显然敌视中国的地位”和对列强承担“义务和责任”。说到底，就是既不要过分刺激中国人，更不要在战争泥潭中陷得太深，否则不利于今后单独谈判满洲圈地问题……所以最后俄国外交大臣拉姆斯多夫秉承圣意，做出了明确表态：我们不谋求联军的指挥权，我们只是毫不犹豫地反对按照军阶的高低或所率部队人数的多少来决定谁当总司令！

英、俄各执一论，其余各国则两边站队——日、美挺英，法、意、奥则挺俄。

这样一来，德国就成为举足轻重者了。

轻佻好斗的德皇威廉二世，其实早在西摩尔兵败廊坊之际就想表态当总司令了。然而他的外交大臣布洛夫却是个老奸巨猾之徒，苦劝他先观望一下——过早出头争抢联军指挥权，会同时得罪英、俄两国。不如先静观其变，待英、俄争斗僵持不下之际，再出来调停，可收渔翁之利。

眼下英、俄果如布洛夫所料，真杠上了，威廉二世心中大喜。他一面向沙俄表示："如果俄国希望最高总司令一职，我们因两国皇帝及两国间的关系，绝不提出反对。"

而另一面，德皇又积极向英国示好，把抵制英国人当总司令的龃龉推到俄国人、法国人头上。如此一来，英、俄都觉得德国蛮懂事，正好他家的公使克林德又被中国人杀了，不如……俄、英的意见非常一致：反正总司令只要不是英（俄）国人就行！

于是，沙俄在8月初首先赞同德皇所提出的总司令人选瓦德西元帅，沙皇尼古拉二世不惜各种赞美之词，差点把瓦德西夸上了天。英国也于8月9日表示赞成，其小兄弟日、美当然也就顺水推舟均表同意。

但是法国人却迟迟不表态。因为在法国人看来，瓦德西有不可原谅的"历史污点"。

普法战争之前，瓦德西任普鲁士驻法大使馆武官，搜集了极其详尽的法国政治、军事情报，因此深受总参谋长毛奇的赏识，最后成了他的接班人——当然也包括老毛奇先发制人的对法进攻战略。对这样一个恶迹昭著的前普鲁士间谍、对法打击战略的主持者，法国人当然是深怀怨念。

不过在德、俄两国的催逼下，法国终于还是在8月17日以极为冷淡的态度表示："法国远征军团司令卧龙将军（又译为华伦，陆军少将）不会不将他同元帅的关系置于适当的基础之上。"

德国人：迟到的麻烦制造者

俄国人之所以首先赞成瓦德西出任总司令，就是估摸准了他一时半会儿赶不到中国。而只要没人管事，俄国人就有火中取栗、浑水摸鱼的机会。

作为这场战争不断升级扩大的头号推手，沙俄是八国强盗中头脑最为清醒的。从战争一开始，俄国就动员了10余万大军侵入中国东北——除把整个中国东北（所谓"满洲"）都纳入自己的独享势力范围之外，还通过驱逐、屠杀当地人民的方式，把一些原本属于中国的模糊地带变为自己的"领土"。不过俄国的野心尚不止此，它的下一步目标是把从东北、蒙古直至新疆的中国北方全部纳入自己的势力范围。

而这一切企图，俄国则希望以它惯用的办法，即以诱骗或胁迫清政府签订条约的方式来实现。赤裸裸的吞并吃相太过难看，容易遭到列强的联合抵制甚至是引发战争，俄国在克里米亚是有过惨痛教训的（但接下来还是没有躲过日俄战争）。

而搞这一套，就需要有良好的人脉关系。

俄国在清廷高层中有一位说得上话的"老朋友"，主持签订过《中俄密约》和《旅大租地条约》的李鸿章——而且这两次签约，李大人都收受过沙俄重金贿赂，显然是个非常好打交道的人。

所以早在八国联军侵华之初，沙俄就多次点名要求李鸿章到北京来谈判。6月中旬，清廷接受俄国公使格尔思的要求，电召时任两广总督的李鸿章“迅速来京”；7月8日发布上谕，调补李为直隶总督兼北洋大臣；8月7日，又接受沙俄的建议任命李为议和全权大臣。

8月28日，沙俄又提出鉴于“拯救”驻京公使团的目的已经达到，提议列强撤出公使与军队，以便清政府早日返回北京开始议和谈判。

沙俄的小算盘，是打算利用自己出兵多的有利因素，赶在瓦德西率德国远征军到达前完成议和事宜——至少也要与中国单方面缔结一份有利于沙俄的和约。

但英国人识破了俄国人的伎俩，先是怂恿日本大举增兵成为联军头号股东，生生把俄国人挤对成了老二，话事权大大削弱。

然后，又以李鸿章有明显的亲俄立场为由，联合美、日等国拒绝承认他的议和全权大臣资格，而要求以与英、日交往密切的庆亲王奕劻为和谈代表。

有鉴于此，李鸿章索性称病拖延其行，逗留上海不动，等列强先吵完架再说。

英国人这几手，把俄国人搞得相当尴尬。所以俄国人只好向德国人示好，抢先赞同瓦德西出任联军总司令，无非是希望德国在掌权之后睁一只眼闭一只眼，让俄国人顺利实现单独分赃的小心思。

可不承想，德国人翻脸也跟翻书一样快。瓦德西刚被俄国人捧上台，就强硬抨击俄国所提出的列强从北京撤军的建议，是一个严重的“军事错误”，是“想退出德国最高总司令之领导”。

德皇威廉也对俄国人的建议大为光火——寡人动员两万多远征军从欧洲赶赴中国容易吗？不进一步扩大战争影响，德国人还怎么在谈判中漫天要价？寡人可是亟须一大笔现金来造军舰的啊！

德国人立刻与英国人站到了一起。两国都放出狠话，不承认西太后主持下的清廷，甚至声言要扣押李鸿章，以防俄国人与他交涉。而俄国人则表示，要用军舰护送李鸿章北上，谁敢逮捕李鸿章就与谁开战。

法国人毫无悬念地又站在俄国人一边。但新鲜的是，美国人这次也站了过来——因为俄国很隐晦地表示可以在“满洲”承认美国人主张的“门户开放”政策，而天真的美国人居然就相信了。

9月18日，德国为了阻挠列强与清政府谈判（瓦德西还在路上呢），提出要以惩办西太后、端王等“祸首”为谈判的先决条件。英国支持德国，俄、法则主张宽大西太后，以求尽快启动和谈。

9月下旬，瓦德西终于带兵赶到中国，并就任联军总司令，力量大大增强的德军立即四处滋事。首先是改组了联军在天津的统治机构都统衙门委员会，由德国取代俄国掌握了控制权。接下来，不顾俄、日两个大股东的反对与抵制，进一步扩大侵华战争范围。

俄国人在1900年9月底就基本吞下东北，此时急需一纸和约将其合法化，而不是继续参与战争，最后陷进华北的泥潭里去；日本则是英国邀来牵制俄国的，本身在直隶并无太多利益关系，所以也不愿意继续作战。

在瓦德西的筹划下，以德、法、英三国兵力为主的“联军”仍然四面开打：东征山海关，南侵保定，北犯张家口，向东南威胁直鲁边境，向西进犯山西门户紫荆关、井陉、娘子关——吓得西太后又从太原逃往西安。

从1900年12月12日至1901年4月底，联军共派出46支“讨伐队”，而其中35支都是由德国兵组成的。

来晚了的德国人，用各种方式展示武力恐吓清政府。

列强们都想要什么

瓦德西一边在华北“打拳”，一边逐步舒缓脸色，与清廷开始协商议和事宜。“祸首”也可以从宽，李鸿章也可以不抓——只要能讹到钱就行。

大家终于可以坐下来议和了，那列强到底想要什么呢？德国人最关心的就是钱，而且想要现款。早在瓦德西启程赴华之前，德皇威廉就一再叮嘱他要向中国索取“最高限度”的赔款：“谨记在心，要求中国赔款，务到最高限度，且必须彻底贯彻主张。因为皇上急需此款，以制造战舰。”

俄国人首先关心“满洲”。如果能独霸“满洲”并垄断利权，少得些赔款也干。但若不能如愿，它也想讹一大笔钱。沙俄在中国东北的殖民征服耗资相当巨大，仅在1903年前的数年间便耗资10亿卢布，其中单修筑东省铁路就花费了3.7亿卢布。而这笔巨额的财政开支，又加剧了俄国在1899—1900年的财政和经济危机。所以，俄国人也很希望获得一大笔现款，以缓解国内的危机。

法国人在事前高傲而蛮横，但这会儿却没什么高见了。它搜肠刮肚，也只想出来六条基本原则——惩办罪魁；禁止输入军火；赔偿各国、各社团及个人损失；在北京设立一支卫队永久保护使馆；拆毁大沽炮台；为敞开北京至渤海的通道，在京、沽之间设立若干外国军事据点。除要赔钱之外，其他要求均无太大意义——尤其没有哪条对法国特别有利的，典型的损人但不求利己。

英国人则不主张苛刻的赔款，因为它一直把持着中国海关，对清政府可怜的财政偿付能力了如指掌。而且它还担心过度压榨中国，会影响英国在华商业贸易额。反正它的利益主要集中在长江流域，因"东南互保"而未受冲击，故期盼的是中国尽快恢复秩序，这样才好做生意。

美国与英国的利益着眼点基本一致，它尤其关注中国东北的"门户开放"问题。

日本虽然有满心的想法（比如说想要辽东、满洲、福建），但被"三国干涉还辽"事件吓怕了，故宁可韬光养晦不吭声。

意大利一直想要租借三门湾。但即便是甲午战争刚打完那会儿，清政府也没拿它当个事。这次就出兵几十人，想想还是别提了吧。

奥匈帝国在远东也没什么好牵挂的，自家眼皮底下的巴尔干还烽烟不靖呢！就出了几十个兵，能有赃分就不错了。

赔款数额是缔结和约的焦点，也是列强争吵的核心问题。

德国人到底想要多少赔款呢？瓦德西讲出数来，把英国人也吓了一大跳——德国人竟然主张要20亿马克，折合白银近7亿两的赔款，而且要求全现款支付。如果不能满意，瓦德西扬言要夺取中国海关为担保，甚至计划动用军舰进行恐吓。

而此时清政府的财政收入，岁入仅8800余万两，支出却高达1.01亿两，年赤字就高达1200万两，用现款支付纯属痴人说梦。

至于夺取中国海关之说，就更是德国人的一厢情愿了。中国海关早就在英国人的掌控之中，关税政策也一般依据英国人的利益而定。在中国的对外贸易额中，仅英国一家就占了62%。德国从对华小额贸易国的角度，提议调整关税政策或提高关税来支付赔款，这就意味着要让英国人承担更多的税费，这不是在与虎谋皮嘛！英国人当然不会同意。

为了查清楚中国究竟有多少家底，是不是真如英国人打包票说的徒有其表、囊中羞涩，列强组织一个了由德、美、日、法四国公使组成的“财源调查委员会”，利用他们在中国海关的人员和各银行代表，全面调查中国的经济情况，核认赔偿能力。

经过一番折腾，1901年5月1日，列强终于达成一致，将赔款核定为白银4.5亿两，约合6750万英镑（支付方式则经后续议定为年息4厘，分39年偿清，实际本利9.8亿两，再加之各省地方赔款2000多万两，总额超过了10亿两）。

1901年9月7日，奕劻、李鸿章代表清政府与英、俄、德、法、美、日、意、奥、西、荷、比共11国，正式签订《辛丑条约》。

鲸落与陷阱

4.5亿两，或者说6750万英镑，是个什么概念呢？以德皇一直碎碎念的造军舰为例。1881年下水的北洋水师“定远”级铁甲舰，造价仅37万镑，这笔赔款能买182条半（北洋水师总共也就买了2条）；1904年下水的英国“无畏”号战列舰造价178万镑，能造38条（在1909—1914年的英德造舰竞赛中，英国总共也就造了23条，德国仅造了17条）。也就是说，这笔钱差不多够支付英、德两个超级强国铆足了劲儿进行造舰竞赛的开支。

一条巨鲸死去，群鲨赶来争抢鲸的腐肉，却丝毫没有注意到命运已为它们悄悄设好的陷阱。

正如英国人所预料的，《辛丑条约》极大地削弱了中国，导致东亚力量的骤然失衡，进而又影响到欧洲形势。

俄、德两国分到了赔款金额之半，其中沙俄占到了29%，即1.3亿余两，折合1.84亿卢布。即便刨除其财政大臣维特所称的损失，沙俄也净赚了1400多万卢布。沙俄外交大臣拉姆斯多夫因而扬扬得意地将此役称为“历史上少有的‘最够本的战争’”。

巨额赔款缓解了沙俄的国内矛盾，并刺激其在远东进一步扩张，从而与夺取朝鲜后正急欲继续北上的日本构衅。由于沙俄对美国的承诺亦未兑现，美国乃转而与英国联合挺日遏俄，遂有1904年的日俄战争。沙俄在此战中大败亏输，仅直接军费开支就高达10亿卢布。而整个战争损耗加上军事借款利息，合计损失超过70亿卢布，其国内危机乃一发不可收拾，终于走向崩溃。

德皇得到了白银9000余万两的赔款，折合2.75亿马克或1350万英镑——虽然远不及他所愿，但至少可以启动他的造舰计划了。他开始疯狂扩充海军，公然挑战起大英帝国视为生存基础的海上霸权。

1914年，第一次世界大战爆发。德意志第二帝国这个煤铁产业与封建军事霸权所孕诞的怪胎，终于为自己敲响了末日的丧钟。

（文 / 江上苇）

参考书目

1. 周武:《太平天国故事与江南社会变迁》,《社会科学》2003年第1期。

2. 洪均:《湘军屠城考论》,《光明日报》2008年3月23日。

3. 王兴福:《太平天国在浙江》,社会科学文献出版社2007年版。

4. 华强:《关于太平天国时期上海战略地位的思考》,《扬州大学学报》(人文社会科学版)2007年第4期。

5. 马勇:《马勇讲史·国变》,新星出版社2017年版。

6. 邢超:《义和团和八国联军真相》,中国青年出版社2015年版。

7. 李凤飞主编:《八国联军侵华实录(1900—1901)》,天津社会科学院出版社2012年版。

8. 吴恒:《谁让西摩远征军止步——以亲历者的日记和回忆录为依据复原八国联军的一次失败远征》,《军事历史研究》2011年第3期。

9. 杨金森、范中义:《中国海防史》,海洋出版社2005年版。

10. 张明金:《清末民初的战争》,解放军文艺出版社2001

年版。

11. 郑师渠主编:《中国近代史》,北京师范大学出版社2007年版。

12. 马忠文:《荣禄与晚清政局》,社会科学文献出版社2016年版。

13. 戴海斌:《"误国之忠臣"?——再论庚子事变中的李秉衡》,《清史研究》2011年第3期。

14. 朱诚如主编:《清朝通史》,紫禁城出版社2003年版。

15. 李松龄:《八国联军分区占领北京与"靖民"布告》,《档案工作》1992年第5期。

16. 张功臣:《初识中国:侵华八国联军随行记者的报道活动》,《现代传播:中国传媒大学学报》1996年第1期。

17. 张功臣:《历史原生态的展露——一个英国人眼里的义和团与八国联军》,《光明日报》2001年3月24日。

18. 佟冬主编:《沙俄与东北》,吉林文史出版社1985年版。

19. 张涛、张志强、张龙海主编,张志强分卷主编:《沈阳通史·近代卷》,沈阳出版社2014年版。

20. [美]安德鲁·马洛泽莫夫:《俄国的远东政策(1881—1904年)》,商务印书馆1977年版。

21. [美]乔治·亚历山大·伦森:《俄中战争》,商务印书馆1982年版。

22. 金家瑞:《论"东南互保"》,《福建论坛》(人文社会科学版)1989年第5期。

23. 彭淑庆、孟英莲：《再论庚子“东南互保”的首倡问题》，《东岳论丛》2011年第1期。

24. 刘惠吾编著：《上海近代史》，华东师范大学出版社1985年版。

25. 陈夔龙、胡思敬：《梦蕉亭杂记》，中华书局2018年版。

26. 苑书义：《李鸿章传》，人民出版社2019年版。

27.《列宁全集》（第4卷），人民出版社1984年版。

图书在版编目（CIP）数据

王朝崩塌：动摇大清的农民起义 /《国家人文历史》编著. -- 北京：大有书局，2022.4
（历史的智慧）
ISBN 978-7-80772-071-3

Ⅰ. ①王… Ⅱ. ①国… Ⅲ. ①农民起义－中国－清代－通俗读物 Ⅳ. ①K249.201

中国版本图书馆CIP数据核字（2022）第035313号

书　　名　王朝崩塌：动摇大清的农民起义
WANGCHAO BENGTA:
DONGYAO DAQING DE NONGMIN QIYI
作　　者　《国家人文历史》编著

策划编辑　李瑞琪
责任编辑　张嫒嫒
责任校对　李盛博
责任印制　袁浩宇
出版发行　大有书局
（北京市海淀区长春桥路6号　100089）
综 合 办　（010）68929273
发 行 部　（010）68922366
经　　销　新华书店
印　　刷　中煤（北京）印务有限公司
版　　次　2022年4月北京第1版
印　　次　2022年4月北京第1次印刷
开　　本　160毫米×230毫米　1/16
印　　张　16.25
字　　数　174千字
定　　价　56.00元
